I0029688

CORRIGÉ
DE LA
CACOLOGIE.

X

CORRIGÉ

DE LA

CACOLOGIE,

OU

LOCUTIONS VICIEUSES,

TANT en prose qu'en vers, rendues conformes aux lois de l'Orthologie, en faveur de MM. les Professeurs, Avocats, etc.

Par J. E. J. F. BOINVILLIERS.

Ecrivains de toutes les classes, Prosateurs ou Poètes, vos plus grands ennemis sont ceux qui, sous prétexte de rendre votre art moins difficile, voudraient mettre les barbarismes au rang de vos priviléges.

D'OLIVET.

2 fr. 5o c. *cartonné.*

PARIS,

AUGUSTE DELALAIN, Imprimeur Libraire, rue des Mathurins St-Jacques, n°. 5.

1815.

Toutes mes Editions sont revêtues de ma signature.

A. Delalain

DIALOGUE

ENTRE

L'AUTEUR ET UN CRITIQUE.

LE CRITIQUE.

Je suis fort aise, Monsieur, de vous rencontrer pour vous parler de l'ouvrage que vous avez donné sous le titre de Cacologie.

L'AUTEUR.

Que m'en direz-vous, Monsieur, que je ne sache très bien ?

LE CRITIQUE.

Vous avez eu l'attention scrupuleuse d'y recueillir un très grand nombre de locutions qui appartiennent à des Ecrivains de toutes les classes.

L'AUTEUR.

Cela est vrai.

LE CRITIQUE.

Mais je suis fâché que vous ayez donné pour *vicieuses*, beaucoup de phrases qui ne le sont point, dans l'acception rigoureuse de ce mot.

L'AUTEUR.

Qui ne le sont point, dites-vous ! Quoi ! de ce que vous n'avez pas trouvé de vice d'expression

a iij

dans certaines phrases, suit-il nécessairement qu'elles soient correctes et grammaticales?

LE CRITIQUE.

Oui, je suis convaincu qu'elles le sont, malgré vos assertions bien hasardées.

L'AUTEUR.

Et si je vous prouvais qu'il n'y a pas une seule des phrases que j'ai citées, qui ne renferme plusieurs fautes assez grossières?

LE CRITIQUE.

Cela serait bien difficile à prouver, surtout si les locutions dont vous chercheriez à démontrer le vice, étaient tirées de nos grands Ecrivains.

L'AUTEUR.

Vous croyez donc que nos grands Ecrivains, ceux mêmes qu'à bon droit on regarde comme classiques, sont exempts de reproche sous le rapport grammatical?

LE CRITIQUE.

Je le crois assurément.

L'AUTEUR.

Et vous pensez qu'ils doivent toujours faire autorité?

LE CRITIQUE.

Oui, sans doute.

L'AUTEUR.

Les poètes ne vous paraissent pas, non plus, sujets à certains écarts, coupables de quelques infractions?

LE CRITIQUE.

Ah ! je vous abandonne nos faiseurs de vers,
car il est reconnu que tel a souvent employé, malgré soi....

L'AUTEUR.

Dites : malgré *lui.*

LE CRITIQUE.

Soit ! .. a souvent employé, malgré lui, une
expression incorrecte, qui certainement l'aurait
rejetée, s'il avait écrit en prose.

L'AUTEUR.

Personne, Monsieur, ne doit se dispenser d'écrire
français : c'est ce que nous a dit très spirituellement
l'aimable Chantre d'Eléonore, dans quatre vers que
j'avais pris pour épigraphe, et que vous avez cités,
on ne sait à quel propos.

LE CRITIQUE.

Quels sont ces vers ?

L'AUTEUR.

Les voici :

> *De grace, Messieurs, moins d'effets,*
> *Moins de fracas, moins de merveilles ;*
> *Et, par pitié pour les oreilles,*
> *Parlez français à des Français.*

LE CRITIQUE.

Je m'en souviens ; je les ai cités à l'occasion de
votre mot *Cacologie....*

L'AUTEUR.

Avec lequel ils n'avaient aucun rapport.

6   PRÉFACE.

LE CRITIQUE.

Qui n'est point adopté par l'Académie française.

L'AUTEUR.

Eh! comment l'Académie française aurait-elle pu adopter un mot dont elle n'a pas eu besoin, auquel elle n'a pas songé, mais que peut-être elle consignera dans le Dictionnaire qu'elle rédige? (*) J'ai dû l'employer, ce me semble, pour faire connaître brièvement la nature d'un livre qui renferme une foule d'expressions contraires aux lois de l'*Orthologie*.

LE CRITIQUE.

Que deviendrions-nous, si chacun se permettait de créer ainsi des termes nouveaux?

L'AUTEUR.

A Dieu ne plaise que j'autorise ou que j'excuse le néologisme! mais je suis loin de croire qu'un Ecrivain soit un successeur de Ronsard, comme vous l'avez dit avec malice, parcequ'il a su rendre nettement sa pensée par un terme qui n'a rien de désagréable à l'oreille. Ce sont donc, à votre avis, des successeurs de Ronsard, ces frères Piranési, à qui l'on doit le mot *Chalcographie?*

LE CRITIQUE.

Ce mot était nécessaire.

L'AUTEUR.

Etes-vous compétent à déclarer que le mien est inutile?

(*) M. BOISTE en fait mention dans son excellent Vocabulaire.

LE CRITIQUE.

Du moins il n'est pas consacré par l'usage.

L'AUTEUR.

L'usage est un tyran ; et ce qui confirme cette vérité, c'est qu'en s'autorisant de l'usage, on emploie, tous les jours, à toute heure, des expressions que désavoue la grammaire ou la logique.

LE CRITIQUE.

Quelles sont donc ces expressions que la logique ou la grammaire désavoue ?

L'AUTEUR.

Celles, par exemple, que vous prétendez justifier en assurant (ce qui était du moins inutile à dire,) que Boileau, Racine et Rousseau ne sauraient gagner à être corrigés d'après ma *méthode*. Je n'ai pas, Monsieur, imaginé de *méthode* ; vous m'aviez mieux jugé en disant de moi :

« *S'il montre les écueils, c'est pour qu'on les évite.* »

LE CRITIQUE.

Répondez moi : Que trouvez-vous donc à reprendre dans ce vers du grand Racine ?

Tel qui rit vendredi, dimanche pleurera.

L'AUTEUR.

Ecartez toute idée de mesure poétique, dépouillez vous de toute espèce de prévention, et vous conviendrez qu'un prosateur écrirait plus correctement: Tel rit vendredi, qui pleurera dimanche; tel blâme hautement nos opinions, qui peut-être en secret les

approuve; et non pas, « tel qui blâme hautement
« nos opinions, peut-être en secret les approuve. »

LE CRITIQUE.

Je conviens qu'il y a plus d'exactitude et d'eu-
phonie dans le tour que vous proposez.

L'AUTEUR.

Vous l'avez tellement senti, que, tout-à-l'heure,
fidèle aux principes d'une saine logique, vous m'avez
dit: Tel poète a souvent employé malgré lui une
expression incorrecte, qui certainement l'aurait rejetée, s'il avait écrit en prose; et non pas, « Tel
» poète qui a souvent employé malgré lui une ex-
» pression incorrecte, certainement l'aurait rejetée,
» s'il avait écrit en prose ». Il y a quelque chose
de lourd et de pénible dans ce dernier tour de
phrase.

LE CRITIQUE.

Poursuivons. Quelle faute remarquez-vous dans
ces deux vers du Législateur du Parnasse?

Sans la langue, en un mot, l'Auteur le plus divin
Est toujours, quoi qu'il fasse, un méchant Ecrivain.

L'AUTEUR.

La confiance *la plus entière*, l'auteur *le plus
divin*, ne sont pas plus admissibles que l'amour *le
plus extrême*, la reconnaissance *la plus infinie*,
Voltaire sera *moins immortel* que Racine, etc.
Or je vous renvoie, Monsieur l'Aristarque, à ma
Grammaire raisonnée, qui contient, sur l'art d'é-
crire, d'utiles préceptes dont l'application doit se
faire à l'aide de la Cacologie.

LE CRITIQUE.

Je n'ai lu aucune Grammaire moderne.

L'AUTEUR.

Il ne s'ensuit pas, je pense, que les Grammaires modernes ne soient pas bonnes à consulter. Je dirai plus : si vous aviez pris la peine de les lire avant de prendre celle de me critiquer, les nombreux exemples de phrases vicieuses que j'ai produits n'auraient pas causé votre intempérie d'humeur.

LE CRITIQUE.

Ce sont les grands Ecrivains qui font les langues.

L'AUTEUR.

Les grands Ecrivains, et principalement les Poètes, ne sont pas exempts de fautes contre le style ou contre le goût.

LE CRITIQUE.

A propos des Poètes, que blâmez-vous, je vous prie, dans ces vers du grand Rousseau ?

Seigneur, dans ta gloire adorable,
Quel mortel est digne d'entrer ?
Qui pourra, grand Dieu ! pénétrer
Ce sanctuaire impénétrable ?

Pour moi, je ne vois pas qu'on puisse rien corriger dans ces locutions qu'on a, comme je l'ai dit, tolérées et même admirées jusqu'à ce jour.

L'AUTEUR.

Eh bien ! ne vous en déplaise, Monsieur le Critique, voici ce qu'il faut corriger dans ces vers que j'admire autant que vous :

Qui pourra, grand Dieu! pénétrer
Dans ce sanctuaire impénétrable?

Vous allez crier à l'infraction contre la mesure!....

LE CRITIQUE.

Oui, Monsieur.

L'AUTEUR.

Vous allez crier même au solécisme!

LE CRITIQUE.

Oui, Monsieur.

L'AUTEUR.

Vous le pouvez; mais je vous renverrai toujours aux principes avoués, si non par l'usage, du moins par la Grammaire,

La Grammaire qui sait régenter jusqu'aux Rois,
Et les fait, la main haute, obéir à ses lois.

Lisez et relisez tout ce qui a été écrit de raisonnable, de philosophique, sur l'art de la parole, et vous serez, je l'espère, plus traitable et moins enclin à blâmer. Adieu, Monsieur.... sans rancune, au moins; je n'ai voulu que vous démontrer en passant, que tout le tort n'était pas de mon côté; heureux si j'ai pu vous convaincre!

CORRIGÉ

DE LA

CACOLOGIE.

1. Le Peuple Français, qui a vu dans quels périls en l'a entraîné, en lui faisant un crime de la modération, la plus belle des vertus, sera désormais trop sage et trop prudent, pour rien entreprendre avec précipitation.

2. On doit regarder moins à la capacité d'un homme, qu'à ses mœurs et à ses sentiments. La Société peut subsister sans les sciences, mais elle ne peut jamais subsister sans les vertus.

3. Les Romains d'aujourd'hui veulent mériter leur nom, et suivre l'exemple que leur ont donné leurs ancêtres. Puissent-ils les égaler un jour en célébrité!

4. La vertu suffit au bonheur du Sage, et l'on peut dire que, dans quelque situation qu'il se trouve, il est toujours heureux et satisfait.

5. Qu'on ne dise pas que le divorce est permis dans les Etats-Unis! Je sais que, s'il est autorisé par certaines lois rendues trop précipitamment, les mœurs le condamnent; et cela est si vrai, que la Société flétrit toujours l'homme ou la femme qui a voulu profiter de la tolérance des lois.

1

6. Dans les temps de troubles et de révolutions, il faut que tel homme qui s'obstine à vivre juste et vertueux parmi ceux qui ne le sont pas, il faut, dis-je, qu'il périsse tôt ou tard.

7. Je crois que ce misérable pamphlet sera jugé par vous comme il mérite de l'être, c'est à dire comme le fruit d'une honteuse intrigue.

8. Ayant été l'ami de ce malheureux poète, j'ai vu avec plaisir qu'il n'y avait pas que moi qui susse apprécier ses talents et ses bonnes qualités, qui ont été la cause de sa perte.

9. Jamais Voltaire n'avait été plus brillant que dans Alzire, et l'on a peine à concevoir, dit M. de la Harpe, qu'il soit tombé d'aussi haut jusqu'à *Zulime*, ouvrage médiocre.

10. Sur la place publique, un citoyen Romain étoit frappé de verges, et au milieu du bruit que produisaient les coups redoublés, il ne faisait entendre d'autre plainte, d'autre cri que celui-ci : je suis citoyen Romain.

11. Je puis prévoir toutes les objections que vous me ferez sur cette matière que j'ai long-temps méditée, et je puis y répondre.

12. Télémaque versa de pieuses larmes sur le corps d'Hippias : O grande âme, s'écria-t-il, tu sais combien j'ai estimé ta valeur !

13. Ils lui prodiguèrent tous les secours de leur art, ils rappelèrent peu-à-peu son âme près de s'envoler.

14. On demande que la séance soit ajournée à après demain, et le Conseil l'arrête.

15. Un grand défaut consiste à entasser des figures incohérentes qui se détruisent les unes les autres. Que de jeunes Ecrivains sont sujets à ce défaut trop ordinaire !

16. Un sage dit à Moïse, que, s'il punissait rigoureusement le peuple rebelle , il pourrait l'engager dans une révolte qui serait suivie des plus grands malheurs.

17. Il a fait serment, non pas de faire grace à qui le demandera , mais de faire justice à qui il le doit.

18. J'ai lu quelque part, qu'il n'y a pas autant de danger à s'écarter des lois divines, qu'il y en a à s'écarter des lois humaines.

19. Les rochers les plus durs tomberont en poudre, et les astres se perdront en fumée : voilà de quelle manière écrit un certain Auteur qu'il n'est pas nécessaire et que je crains de nommer.

20. Il suit des réflexions de Quintilien , qu'un Orateur doit imaginer vivement , pour se pénétrer des passions qu'il veut exciter chez les autres.

21. Cet homme non seulement est calme, mais encore conserve avec plaisir le souvenir des maux qu'il a faits à plusieurs familles.

22. L'ouvrage dont vous m'avez parlé , est plus propre qu'un grand nombre d'autres productions, à égarer un cœur, à l'entraîner par l'illusion des plaisirs aux plus grands désordres.

23. On demande si Brutus chassa les rois pour établir sa propre domination, ou s'il voulut, avant tout, la liberté de son pays.

24. Il n'est pas étonnant que je n'aie pas reconnu votre parent, lorsqu'il est venu chez moi ; je n'avais fait que l'entrevoir dans la société où je me trouvai hier avec lui.

25. Quand l'odieux Pygmalion fut mort ,

il n'y eut pas dans ses Etats un seul citoyen qui parût le regretter ; la mort d'un tyran est la délivrance et la consolation de tout un peuple.

26. Vous connaissez les malheurs qui sont arrivés dans cette île, puisque vous m'assurez être allé la visiter, depuis que j'en suis parti.

27. Avez-vous vu votre père, et lui avez-vous dit que vous devez bientôt abandonner les lieux qui vous ont donné naissance ?

28. Ceux qui assurèrent à la reine Astarbé, que le jeune Baléazar était mort, parlèrent ainsi, croyant qu'il l'était en effet; mais, à la faveur de la nuit, il s'était sauvé en nageant.

29. Ce Général, par ses manœuvres savantes et bien combinées, non seulement a su se maintenir dans les positions qu'il a choisies, mais encore a obtenu, dans plusieurs occasions, des avantages marqués sur ses ennemis.

30. Puisse ton exemple être suivi, aussi bien que celui de la personne qui a donné cet essai sur le Département de la Seine inférieure !

31. Pourquoi, dans la moitié de l'Europe, dit Voltaire, les filles prient-elles Dieu en latin, puisqu'elles n'entendent pas cette langue ?

32. On peut, en agissant ainsi, s'exposer à une humiliation, comme on s'expose souvent à la colère, à la vengeance et à la cruauté des hommes.

33. Je conviendrai que, dans un ouvrage de longue haleine, on peut pardonner quelques vers mal faits; mais, en général, un style pur et châtié est absolument nécessaire.

34. En présentant mes observations sur un ouvrage qui a produit jusqu'à ce jour un enthousiasme général, Écrivain nullement connu, je ne puis les appuyer d'un nom qui impose.

35. C'est assez entretenir le lecteur d'un ouvrage médiocre et dont on n'aurait pas parlé, sans les raisons qu'on a données en commençant cet article.

36. J'ai appris avec douleur, mon ami, que vous êtes malade ; ayez bon courage, nous faisons des vœux bien sincères pour votre prompt rétablissement.

37. Les lois règlent les mœurs des citoyens, elles n'éclairent pas leur opinion ; celle-ci ne peut être éclairée que par les motifs qu'ont développés les Orateurs.

38. Un ouvrage bien conçu, bien conduit, ne peut, pour une tache, même répréhensible, mais qu'on peut aisément faire disparaître, être confondu avec des ouvrages informes et révoltants, digne fruit d'une imagination exaltée.

39. L'épisode que j'ai rencontré dans ce petit roman plein de mauvaises locutions, m'a paru non seulement peu naturel, mais encore mal amené.

40. Mes exploits militaires sont trop nombreux, pour que je puisse vous les détailler de suite ; mais j'espère que l'ordre des temps m'en rappellera le souvenir.

41. Que la condition des hommes est misérable ! Ils ne savent pas s'estimer les uns les autres.

42. Ce monstre s'était aperçu du trouble de Susanne, il avait même surpris des larmes qui étaient près de tomber, et qu'elle s'était

obstinée à repousser. Enfin, comme elle éclate
en sanglots, le perfide feint de mêler ses pleurs
à ceux de Susanne.

43. Il fut arrêté, avant son départ, qu'un
de ses amis, homme mûr, et auquel son père
avait été fort attaché, lui servirait désormais
de Conseil, et lui ferait toucher l'argent dont
elle aurait besoin pour son entretien.

44. Il y a tant d'abus auxquels il faut remédier, qu'on devrait commencer par la
réforme de ceux qui sont les plus nuisibles à
l'espèce humaine.

45. Ce brave jeune-homme aime mieux encourir la disgrace de son oncle, que de s'exposer à cet humiliant soupçon; il plaide la
cause de son ami avec l'éloquence du sentiment et avec l'énergie de la vertu.

46. Le savant Bailly a pensé qu'il ne faut,
en général, chercher à expliquer que ce qui
a besoin d'explication, et que, dans beaucoup de choses, il faut s'en tenir à l'idée
la plus simple et qui se présente le plus naturellement.

47. Socrate enseignait à ses contemporains
ce qu'il leur importait d'aimer et de pratiquer
sur la terre, pour vivre aussi heureusement
qu'il est possible d'exister.

48. Quand il fallut descendre, nous trouvâmes les marches si étroites, que je frémis
encore du risque que nous courûmes. Nous
fîmes cette descente à reculons, n'osant regarder ni d'un côté, ni d'un autre.

49. Au récit de cette triste nouvelle, les politiques firent fermer les spectacles de cette enceinte; ils furent aussi fermés dans le reste de
la ville par les soins des envoyés des Sections.

50. Adélaïde belle et vertueuse aima M. Collet, qui réunissait toutes les qualités du cœur et tous les agréments de l'esprit, et elle en fut aimée.

51. Dans cette circonstance, Agamemnon alla à Delphes, déguisé en mendiant ; et ayant interrogé l'Oracle, il en obtint cette réponse : qu'il devait aller sur le mont Hélicon, où il trouverait une Divinité bienfaisante, qui l'instruirait de ce qu'il aurait à faire.

52. Ce prince, qui était en guerre depuis long-temps, demanda à celui de ses Généraux, en qui il avait le plus de confiance, comment il pourrait terminer bientôt la guerre qu'il faisait.

53. Si vous voulez ne pas faire de dépense et satisfaire vos goûts, vous passerez toujours pour un gourmand et pour un avare, que l'on montrera au doigt, et dont on rira en tout lieu.

54. Il faut laisser partir ce jeune-homme qui a été promis à sa mère, et qui en est attendu ; il ne tardera pas à revenir, connaissant l'étendue des devoirs qu'il a maintenant à remplir, s'il veut satisfaire ses Supérieurs.

55. Cet ouvrage, dont vous avez entendu la lecture, ne me semble pas déparer les précédents ouvrages du même Auteur.

56. De Bordeaux, Granger alla à Nantes où il montra autrefois le germe des talents qu'il a développés depuis. Tous les rôles qu'il a joués, lui ont mérité les plus vifs applaudissements.

57. Combien on trouve de jeunes-gens assez spirituels, mais qui ne sont pas assez instruits des convenances, ayant trop d'amour-propre pour la mesure de leurs talents !

58. C'est là, qu'après des combats san-

glants ou malheureux , on pleure sur le sort des milliers de victimes que l'ignorance ou le hasard vient de livrer à la mort.

59. Quels que soient les sacrifices que vous a coûté votre fortune , ils ne peuvent se comparer au sacrifice que vous exigez de moi.

60. Oh! je crois bien que la journée ne se passera pas sans qu'elle vienne ici vous témoigner la reconnaissance dont elle est pénétrée.

61. Les arts viennent de perdre ce célèbre musicien. Après une longue et douloureuse maladie, il a succombé dans la force de l'âge, et à l'instant où nous pouvions espérer de voir augmenter nos plaisirs par le charme de ses productions , puisqu'il était décidé à se livrer entièrement à la composition.

62. Il mettait dans toutes ses assertions une telle opiniâtreté , qu'il était impossible aux personnes les moins prévenues de ne pas le taxer d'orgueil ou d'entêtement ridicule.

63. Le Poussin modelait en cire les figures qu'il devait exécuter ; il les groupait et les posait comme elles devaient être posées et groupées dans son tableau.

64. Je ne vous parle pas de cet ouvrage que je sais avoir été composé dans un temps où les têtes étaient le plus exaltées.

65. J'ai mieux aimé prendre pour modèle Théocrite, que Moschus ou Bion. Théocrite est un des poètes les plus agréables que nous ayons jamais lus.

66. Je vous fais prévenir de cette démarche, parceque je pense que vous serez peut-être charmé de la connaître.

67. Le Brun se montre non seulement très grand poète , mais encore poète très varié dans le même genre ; il est tour-à-tour Horace et Pindare.

68. Essuyer les emportements d'un maître qui prend feu à la moindre occasion , voilà ce qui est pénible à endurer , et ce qu'il faut néanmoins supporter sans dépit et sans murmure.

69. Ceux d'entre les Anciens qui ont condamné le suïcide , se sont fondés sur cette idée : que l'homme, dans cette vie, est comme une sentinelle en faction , qui ne doit quitter son poste, qu'avec la permission de celui qui l'y a placée.

70. Pourquoi les personnes d'un mérite distingué , quelle que soit la carrière qu'elles suivent, ne réunissent-elles pas leurs efforts pour soutenir toutes les idées qui ont en soi de la grandeur et de l'élévation ?

71. L'histoire naturelle des colibris, des oiseaux-mouches et des sucriers est près de paraître ; je vous invite, Messieurs, à l'acheter.

72. Ce désir violent avec lequel les hommes cherchent un objet qu'ils puissent aimer et dont ils puissent être aimés , naît de la corruption de leur cœur.

73. Il était simple, naturel, sans faste et sans affectation ; aucun fard n'altérait dans son ame la vérité de la nature.

74. Je parle à d'illustres auditeurs , qui non seulement ont été témoins de ses exploits, mais encore ont eu une part active au péril et à la gloire de ces mêmes exploits, comme ils l'ont eue depuis, aux honneurs de la récompense.

* 1

75. Un pêcheur eut dernierement le bonheur de sauver, au péril de ses jours, un navire près de faire naufrage; assurément il mérite une récompense, quelle qu'elle puisse être.

76. Je me souviens de vous avoir vu autrefois, mais il m'est impossible de me rappeler le lieu de notre entrevue; votre mémoire aidera peut-être à la mienne.

77. Les bons citoyens se contentent de gémir, et de fuir les cruautés de Pygmalion, sans pouvoir se résoudre à lui faire aucun mal.

78. Qui ne connaît le trait fameux d'Arria, épouse aussi chaste que courageuse, qui, après s'être percé le sein, retira le couteau tout sanglant, et, le présentant à son mari qui n'avait pas autant de fermeté qu'elle, lui dit : Pétus, cela ne fait pas de mal ?

79. Je pense que je recevrai aujourd'hui chez moi un de vos parents; on m'a dit en effet que votre oncle ou votre cousin viendra me voir dans la journée.

80. J'ai eu cette consolation dans mes ennuis : qu'une infinité de personnes distinguées ont pris la peine de me témoigner tout le chagrin qu'elles en ont ressenti.

81. Celui qui, environné d'une Cour superbe sur laquelle il domine, ne craint pas les caprices de la Fortune, et qui fonde de crédules espérances sur ses faveurs trompeuses, n'a besoin, pour se désabuser, dit Hécube, que de jeter les yeux sur mon état et sur celui de Troie.

82. Les vers que je vous ai envoyés ce matin, ont été composés, et adressés au Ministre,

par un employé, si non supprimé, du moins près de l'être.

83. Lycurgue, ce fameux Législateur de Lacédémone, voulant faire connaître au peuple grossier qu'il instruisait, quelle est la force d'une bonne éducation, fit amener devant lui un lévrier dont il avait gâté le naturel, et un petit chien qu'il avait dressé à la chasse.

84. Télémaque voit l'Amour qui se joue avec les Nymphes, il l'embrasse; il le prend tantôt sur ses genoux, tantôt entre ses bras.

85. Je croyais que mon père devait aller bientôt à Paris, pour y terminer quelques affaires importantes; mais il paraît aujourd'hui qu'il n'y ira pas.

86. L'ouvrage que je vous fais passer, a été présenté au Département de la Seine, et approuvé par lui, après un mûr examen.

87. Mentor traitait Télémaque comme on traite ces malades dont on désespère, et auxquels on se borne à donner des larmes, parceque tous les secours seraient inutiles.

88. Tel blâme les défauts d'autrui, qui mérite lui-même d'être blâmé; ainsi ne soyons pas toujours prêts à censurer nos semblables.

89. Ce qui excite l'envie, c'est un bien que nous voyons possédé par d'autres, et que nous souhaitons pour nous-mêmes. Le sentiment de la jalousie s'accroît en nous, lorsque nous croyons que le bien par nous désiré a été acquis, sans qu'on l'ait mérité.

90. On sait qu'un paysan, qui ne connaissait pas Aristide, contribua cependant à le faire exiler. Il n'avait pas été à portée, dans

la condition où il vivait, d'avoir jamais rien à démêler avec Aristide ; mais il portait envie à ce grand homme.

91. Non seulement les comparaisons doivent être justes, mais il faut encore qu'elles ne soient ni basses, ni usées, ni trop souvent répétées, ni employées sans nécessité.

92. Un littérateur estimable a prouvé dernièrement, que l'ode magnifique que Rousseau a adressée à la Fortune, est inférieure à la réputation de ce grand poëte.

93. Un nouvel Auteur vient d'annoncer une méthode nouvelle par laquelle un enfant ou un étranger, dit-il, peut, en huit jours, connaître et écrire parfaitement tous les mots de la langue française.... Quelle charlatanerie !

94. L'ambition et la jalousie excitèrent contre ce Magistrat les plus rudes tempêtes. Malheureuse victime de ses passions, il compromit tout, son rang, sa dignité, son élévation.

95. On ne peut jamais proférer devant cet enfant le nom de la tendre mère qu'il a perdue, qu'aussitôt des larmes ne coulent en abondance de ses yeux.

96. Combien, dans ces jours d'horreur, combien de victimes furent entassées, sans qu'on eût égard à l'âge et au sexe !

97. Les enfants obéissent aux pères ; les femmes, aux maris : voilà la Monarchie.

98. Vous n'auriez dû assurément briguer, au préjudice de personne, la place à laquelle vous semblez aspirer. Votre conduite en cela ne pouvait être approuvée de qui que ce fût.

99. Je trouve, disait Cicéron, que ceux-

mêmes qui ont le plus de facilité et de talent pour l'éloquence, manquent de pudeur, s'ils ne se présentent avec un air timide, et s'ils ne ressentent, en commençant, quelque émotion.

100. S'élever contre le goût du Public, attaquer un ouvrage qui jouit de toute sa faveur, c'est faire preuve de quelque courage.

101. On n'accueille jamais, comme elles devraient être accueillies, des observations faites dans de bonnes vues.

102. Lorsqu'il n'y a que des riches et des pauvres dans un Etat, il n'y a guère que des hommes fiers ou bas, et l'on en trouve peu de polis.

103. Il faut être spectateur de la comédie humaine, comme l'est de la comédie proprement dite, un auteur ou un acteur qui va au théâtre pour y étudier l'art de composer ou de représenter des pièces dramatiques, et non comme celui qui, n'étant ni auteur ni acteur, ne va à la comédie, que pour son amusement.

104. Il est des personnes qui ne croient pas à la vertu, et qui ne rejètent aucun moyen, pourvu qu'elles arrivent à la fin qu'elles se sont proposé.

105. C'est au siècle qui a précédé le nôtre, à ce siècle en tout comparable aux beaux jours d'Athènes et de Rome, que nous sommes redevables des progrès de cet art charmant dont vous faites vos plus chères délices.

106. Nous parvînmes jusqu'à la moitié de la hauteur, où nous trouvâmes une petite chambre qui paraît n'avoir été faite que pour servir aux délassements.

107. A l'égard d'Alexandrie, ... deux villes : l'ancienne ... l'une ni l'autre ne répondent à ... qu'eut autrefois la ville qui fut ... Alexandre-le-Grand.

108. Les Turcs qui croient que l'Alcoran peut suppléer à tous les livres, ... de la bibliothèque de Ptolémée, une ... d'elle.

109. Cet homme, dont la mémoire ... nérée de tout le monde, prenait bien garde d'être vu de personne, quand il exerçait la bienfaisance envers les malheureux. ...

110. Un centime donné passe, en un se... conde, de votre main dans celle du pauvre ; mais cette seconde embellit votre vie et lui fait honneur.

111. Le crime est quelquefois heureux sur la terre, mais le criminel ne l'est jamais, soit qu'il ait une religion, soit qu'il n'en ait pas.

112. Une pareille violation de principes ne peut avoir lieu, ce me semble, sans que les agents du Gouvernement soient coupables de trahison ou d'impéritie.

113. Il voit des femmes, les enfants ... air égaré ; aussitôt il gravit sur la colline, ... là, promenant sa vue de tout côté, il aper... çoit l'objet de son amour.

114. Je n'ai pas encore vu de bonne ré... ponse à de bons vers ; c'est que le ... parle et que la complaisance ou la vanité ré... pond.

115. Que je serai satisfaite, si je deviens mère d'une fille ! mais que ma joie sera plus grande, si je le suis d'un garçon !

116. Comme il est instruit sur le ...

et plein d'expérience du présent, rien n'échappe à sa pénétration, tout se retrace à son souvenir.

117. Je ne pourrais exprimer le sentiment d'admiration que m'inspira la vue de cet écrivain distingué dont j'avais lu, peu de jours auparavant, un des meilleurs ouvrages.

118. Nos satyriques d'aujourd'hui attaquent tout le monde sans raison, sans pitié, et se traitent réciproquement eux-mêmes comme ils méritent d'être traités.

119. L'Auteur d'un tel ouvrage ne pouvait l'entreprendre sans avoir sondé auparavant le goût du Public.

120. Nous avons vu sur la scène un ivrogne qui avait la tête assez froide, pour débiter des pointes et des jeux de mots; mais c'est ce que ni vous ni personne n'aviez encore remarqué jusqu'à présent.

121. On se rappellera long-temps l'ivresse qu'a excitée dans toute la France la musique infiniment agréable du Compositeur que nous venons de perdre.

122. Camille est courageuse; Madame Valmor lui imprime du respect, mais elle ne lui inspire aucune crainte : c'est devant son amant seul, qu'elle peut trembler.

123. On est étonné de voir cet homme ne réussir dans ses intrigues de Cour, qu'en avilissant ses maîtresses.

124. Le roi mourut onze jours après cette blessure, et il défendit, en mourant, que Montgomméri fût, en aucune manière, inquiété et recherché pour ce fait.

125. La Rhétorique orne ce qui veut être orné, et elle donne à tout le ton de couleur

qui convient ; la Logique n'admet d'autre art, que celui de resserrer la raison.

126. J'ai reçu une lettre qui m'annonce non seulement que cette épidémie diminue sensiblement, mais encore que les craintes sont entièrement cessées.

127. Cette Vénus antique que l'on a crue celle de Gnide, mais dont on ignore l'auteur, est la plus belle de toutes les Vénus connues depuis trois cents ans qu'on déterre des monuments.

128. Tamerlan, après avoir détruit Bagdad, fit massacrer environ huit cents mille habitants, sans distinction d'âge et de sexe. Cette cruauté, cette barbarie est affreuse.

129. Celui qui veut se former un plan d'histoire littéraire, doit connaître les principales bibliothèques qui ont existé avant l'ère vulgaire, et au commencement de cette ère.

130. En voulant éviter l'avarice, il tomba dans un excès contraire ; jamais homme ne fut aussi prodigue, rien ne lui coûtait.

131. Chacun avait le droit d'ouvrir des écoles et d'y admettre ensuite les enfants qui lui étaient confiés.

132. Nous avons pensé que le Conseil d'arrondissement doit délibérer sur la création d'une École Communale, et que c'est au Sous-Préfet de prononcer.

133. M. Necker est un des hommes qui ont le mieux connu l'importance de l'opinion et la vanité de la gloire.

134. Quand je promis d'aller vous voir, j'avais oublié, Monsieur, que j'étais engagé depuis plusieurs jours à aller dîner chez un vieil ami.

135. Les tours, les cabanes, les palais et les églises furent renversés. On ne crut devoir respecter ni le riche ni le pauvre.

136. Mon fils, il faut que ce livre soit renvoyé à celui qui vous l'a prêté. — Mon père, je croyais qu'il l'était.

137. Lequel des deux, ton oncle ou moi, a le plus perdu à ce changement de position ? C'est sur quoi je n'ose statuer.

138. Darius, après avoir franchi le fleuve, délibéra un moment pour savoir s'il romprait le pont, ou s'il le passerait ; mais il aima mieux livrer un passage à ceux qui le poursuivaient, que de l'ôter à ceux qui se sauvaient.

139. Bonne fille, lui dis-je, ma mère m'a remis non seulement du linge pour vous, mais encore des aliments et des boissons.

140. Je prie mes lecteurs d'observer que la vraie religion n'est pas moins ennemie de l'orgueil qu'elle l'est du mensonge.

141. Cet habile professeur nous a démontré combien il nous importe aujourd'hui d'étudier les chefs-d'œuvre des Ecrivains tant anciens que modernes.

142. En écrivant ces lignes, je me rappèle les intéressantes préfaces dont Voltaire enrichissait toujours ses tragédies.

143. Je crois, comme vous, que les hommes peuvent ou s'entr'aider beaucoup, ou se nuire beaucoup les uns aux autres.

144. J'ai appris que vous connaissez les personnes avec lesquelles j'ai une affaire à terminer, je vous prie de leur parler de ce qui me regarde.

145. Le jeune-homme qui suivra le plan que

je propose , et dont l'exécution n'est pas moins aisée qu'utile , sera en état non seulement de faire avec succès des études relatives à la profession qu'il embrassera , mais encore de se conduire avec honneur dans un monde rempli d'écueils.

146. Une personne ayant eu le malheur d'avaler des épingles , on lui conseilla de boire tout de suite une couple de blancs d'œufs.

147. On assure que cet ouvrage sera effroyablement gros. S'il est plus volumineux que celui de Sylvain Mareschal , la cause est jugée , c'en est fait de l'athéïsme , et Dieu est sauvé.

148. J'ai composé cet Abrégé d'Histoire Romaine pour remplir la promesse que j'ai faite d'instruire les jeunes-gens sur tout ce qui s'est passé de remarquable dans l'Empire Romain.

149. Il faut prendre garde de se servir d'expressions qui ont vieilli , bien qu'elles paraissent fort en vogue. Ne dites donc pas avec un ancien Ecrivain : Quiconque oubliera le respect qu'il doit à ceux dont il a reçu la vie , jusqu'à les maltraiter en paroles , sera puni de Dieu.

150. Pourquoi le remords est-il si terrible , qu'on aime souvent mieux se soumettre à la pauvreté , et à toute la rigueur de la vertu , que d'acquérir des biens illégitimes?

151. Nous ne voulons faire de mal ni au père , ni au fils du grand Cyrus ; nous les respectons trop , pour les offenser jamais en rien.

152. Le Général arrive , son aspect impose aux soldats. Tous aiment mieux com-

battre sous ses drapeaux, que de manquer à leur devoir.

153. La chaleur qu'il mettait en combattant, l'empêchait de faire des réflexions sur les dangers qu'il courait.

154. La Lusiade est un beau poème ; le style en est tantôt doux et simple, tantôt rapide et majestueux ; il est toujours admirable, et jamais il n'est défiguré par ces jeux de mots dont les fausses lueurs gâtent quelquefois les meilleurs écrits des Espagnols.

155. Il le conjure par l'amitié qu'il avait portée à son père, et par le souvenir qu'il en conservait, de lui épargner des chagrins aussi cuisants.

156. Les disgraces que j'ai essuyées, les peines que j'ai ressenties, m'ont déterminé à faire ce voyage, que j'entreprendrai sans attendre la fin de mon procès.

157. La comédie que nous avons vu jouer, nous a paru l'ouvrage d'un jeune-homme qui a infiniment de la facilité. Je ne doute pas qu'elle ne réussisse, sur quelque théâtre qu'on veuille la représenter.

158. Je n'ai pu accepter les services des gens que vous m'avez envoyés et qui sont venus s'offrir chez moi.

159. Voiture a dit quelque part : J'oublie que je suis malheureux, quand je songe que vous ne m'avez pas oublié.

160. L'armée à qui l'on avait donné l'ordre de passer les Alpes, vient de recevoir celui de suspendre sa marche.

161. Je ferai tout ce qui dépendra de moi pour vous obliger, mais je doute que votre

affaire ait un aussi bon succès que je le désire.

162. Votre ami n'est pas plutôt arrivé à la campagne, qu'il y est tombé dangereusement malade, au point qu'on craignait de ne pouvoir le guérir.

163. Vous auriez vu la Condamine se frayer une route à travers des bois épais, passer le même torrent vingt-deux fois en un seul jour, près de faire naufrage à chaque instant.

164. Dans quelque poste que nous soyons placés, nous y ferons notre devoir, et nous tâcherons d'acquérir dans les combats une gloire plus grande que celle qu'ont obtenue nos ancêtres.

165. Il faut savoir instruire et reprendre les autres sans fiel et sans aigreur. C'est de cette maxime salutaire, que je voudrais·vous voir pénétrés.

166. Voici bien des fautes typographiques dans cet ouvrage que l'on disait très soigné; et c'est moi qui, le premier, me suis aperçu des fautes que personne ne voyait.

167. Il m'aime plus qu'il ne s'aime lui-même et qu'il ne chérit sa propre gloire; quant à moi, je ne lui suis pas moins attaché, qu'il me l'est.

168. On vous a déjà fait observer qu'on ne peut acquérir de la science sans un grand travail; pourquoi donc, je vous prie, ne vous donnez-vous pas la peine que vous vous êtes donnée plusieurs fois au vu et au su de tout le monde?

169. Je vous engage, mon ami, à soulager

cette femme, elle a l'air bien malheureux et bien souffrant.

170. On prétend que les cérémonies religieuses sont interdites hors de l'édifice qu'on a choisi pour les y exercer.

171. Il n'y a peut-être pas de mot dans la langue française, qui doive plus à l'usage, que celui dont vous me parlez. Il faut renoncer aux expressions qui sont fort peu usitées.

172. Vos amis qui trouvent beaucoup à redire à votre conduite, sont plus à plaindre que vous ; ils ne vous connaissent pas assez pour vous apprécier.

173. Nous nous hâtâmes afin d'arriver le plutôt qu'il serait possible, à cause du peu de sûreté que présentent aujourd'hui les routes qui sont mal gardées.

174. Ce prince était monté bien jeune sur le trône de ses aïeux ; il est descendu dans la tombe avant qu'il ait eu le temps de mettre à exécution les projets qu'il avait conçus pour rendre son peuple heureux autant qu'il fût possible.

175. Quel homme vertueux ! Quand il était malade, sa plus douce consolation était l'attachement de sa digne épouse. Il l'aimait comme elle le méritait,

176. Depuis cette action qui fut terrible de part et d'autre, il se passa quelques jours sans combat.

177. Ce n'est plus seulement par cette vaillante main, que vous acquerrez de la gloire ; dans le calme d'une paix profonde, vous aurez encore des moyens de vous signaler.

178. J'ai su diriger sa course vagabonde à travers les dangers et les écueils ; je l'ai pré-

servé lui-même des maux qui menaçaient ses derniers jours , et semblaient leur être réservés.

179. Quelque abus qu'on puisse faire de l'air et du feu , il nous est impossible de renoncer à ces deux éléments qui sont si nécessaires à la vie.

180. Chercher des vérités morales , quand on ne peut en trouver, c'est, bien qu'on en dise , courir après les erreurs , les paradoxes et les mensonges.

181. Le système de la perfectibilité n'est certainement pas , pour la Société , d'une nécessité aussi grande que l'air , le feu et une religion quelconque.

182. C'est rendre un service essentiel à l'espèce humaine , que de lui ôter une pareille idée qui pourrait nuire à son bonheur.

183. Ne suivez pas l'exemple de votre ami, encore que vous le citiez souvent ; en effet tout le monde sait que , lorsqu'il était écolier , il ne fit rien qui valût.

184. La dot considérable que cette mère donna à sa fille en mariage , fut employée à subvenir aux besoins des infortunés.

185. Une Société n'est jamais plus près d'être dissoute , que lorsqu'elle est parvenue à cet extrême degré de civilisation , qui n'est que l'anéantissement de tous les principes de morale , et le relâchement de tous les ressorts du Gouvernement.

186. Quand il eut appris que les bataillons ennemis s'étaient avancés , il fit assembler sa troupe , et étant monté sur une colline , il la harangua en ces termes.

187. Dans leurs comédies , les Grecs ont

toujours peint l'amour comme une faiblesse, quelquefois comme un ridicule, mais ils ne l'ont jamais peint comme une vertu.

188. Tout animal est composé d'un corps et d'une âme; celle-ci commande, celui-là est essentiellement obéissant.

189. Pendant que nous étions au Collége, mon frère et moi, on nous permettait à tous deux d'aller passer à la campagne tout le temps des vacances.

190. Ce service n'est pas le seul qu'on attende d'un héros aussi magnanime; on peut tout espérer d'un Prince qui reunit la justice et la valeur.

191. Croyez-vous imposer au Public par cette expression banale de philosophie, qui est devenue aussi odieuse que ridicule par l'abus qu'on en a fait?

192. Je ne saurais vous dire combien nous faisons de cas de la justice; il serait à désirer que les hommes, par qui son culte est avili, ses lois sont profanées, la pratiquassent aujourd'hui de la meilleure foi du monde.

193. Ne cherchez pas les moyens de vous attirer les louanges des autres, quelque bonne opinion qu'ils puissent avoir de votre mérite. Prenez garde aussi de vous faire des ennemis par votre empressement à recueillir tout le bien qu'on pourrait dire de vous. Ce dont on doit se défier, c'est l'éloge exagéré de ces personnes qui louent tout le monde.

194. Autant le pilote doit l'emporter sur celui qui rame, le Général sur le soldat, autant je dois l'emporter sur vous.

195. Ne me plains pas, mon ami, je suis

supérieur à ceux qui me condamnent aujourd'hui à mourir, et je suis plus heureux
qu'eux.

196. Quel plaisir trouve-t-on dans les sociétés à parler mal les uns des autres ? Assurément on a bien d'autres choses dont on peut
s'occuper.

197. Il ne faut confier à personne rien dont
on puisse se servir pour nous nuire, quand
on trouvera l'occasion de le faire.

198. Télémaque est reconnu par son bi-
saïeul, qui lui assure qu'Ulysse est vivant,
et qu'il le reverra à Ithaque.

199. Plus tous ces crimes sont tolérés sur
la terre, où ils sont impunis, plus la vengeance qu'ils exciteront dans les enfers, sera
terrible.

200. Quand l'immortalité de l'âme serait une
erreur, nous dit Montesquieu, je serais bien
fâché de ne pas y croire.

201. Je ne sais pas comment le jeu peut
faire votre seule occupation ; pour moi, je
ne trouve rien d'agréable que l'étude ; sans
elle, je ne pourrais supporter le fardeau de
la vie.

202. J'aperçus deux cabinets de verdure,
je m'approchai, et j'entrai dans le cabinet
de la gauche. J'y vis deux statues de marbre
de Paros ; l'une représentait l'Amour qui
ajustait une flèche, l'autre figurait l'Hymen
qui éteignait le flambeau de l'Amour.

203. Les liens de la nature et de la société
seraient bientôt rompus, si les enfants, sous
quelque prétexte que ce pût être, se refusaient
à chérir leurs parents, et cessaient de le faire.

204. La probité de ce Grec était sans nuage ; c'est pourquoi sa circonspection ou son adhésion tacite aux travers de sa femme, me paraissait un problême insoluble.

205. Ce n'est ni Mazarin ni Richelieu qui ont travaillé efficacement au bonheur du peuple ; ils avaient extrêmement de l'esprit pour conduire le vaisseau de l'Etat, mais ils préféraient l'intérêt à la gloire.

206. Vous avez le droit de chasse, dites-vous ; je ne sais pourtant qui a pu vous le donner dans ce canton.

207. Ce sujet, s'il était traité comme il devrait l'être, répandrait une grande lumière sur toutes les chicanes dont nos poétiques sont surchargées.

208. Voici une phrase que j'ai lue dans Rousseau, et qui me semble prouver évidemment que ce grand homme écrivait avec difficulté : Mes manuscrits raturés, barbouillés, mêlés, indéchiffrables, attestent la peine qu'ils m'ont coûté.

209. Dans cette terre hérissée de ronces et d'épines, les oiseaux ne trouvaient aucun bocage dans lequel ils pussent se retirer.

210. Ils ont banni du sein de la société de vertueux citoyens qui avaient tout fait pour le bien de cette même société, et souvent ils ont fait grace à des scélérats ou à des hommes coupables qui ne le méritaient point.

211. Je ne doute pas que l'homme le plus heureux sur la terre, ne soit celui qui est le moins esclave des préjugés.

212. Honorer la vieillesse, respecter le malheur, assurer des secours aux indigents, fa-

voriser la propagation des lumières, c'est l'ouvrage des habiles législateurs.

213. Cette fille prit congé de ses parents, et se rendit à Londres. Elle y trouva le domestique de Gilbert qui la conduisit à son maître. Celui-ci la plaça chez une dame, acheva son instruction, et lui fit donner le baptême.

214. J'ignore lequel des deux, Voltaire ou moi, a le premier annoncé aux Français cette grande vérité qu'ils semblent avoir toujours méconnue; aussi ont-ils payé bien cher leur inexpérience.

215. Nous devons mettre les lois qui régissent aujourd'hui la France, au-dessus de celles qui régissent l'Angleterre.

216. Eucharis répartit : Mon mari me proposa de me soumettre à la loi de Solon qui permet à une femme, quand elle est héritière (et je le suis), de recevoir dans sa maison le plus proche parent de son époux.

217. C'est en Italie surtout, en Italie qui est vraiment la patrie des beaux-arts, qu'il faut aller pour s'instruire, comme les Romains allaient autrefois en Grèce pour s'y perfectionner.

218. Non seulement ils prirent un arrêté tout-à-fait attentatoire aux lois, mais encore ils demandèrent qu'on infligeât une peine très sévère à ceux qui désobéiraient à cet infâme arrêté.

219. On rendit un décret fort sage qui défendait expressément que les mandataires du peuple, quels qu'ils pussent être, fissent à l'avenir aucun journal.

220. Ce fut au sein de la barbarie et de la licence, au milieu d'une foule de brigands occupés seulement à s'égorger les uns les autres, qu'on vit s'élever un ordre de citoyens, qui se consacra à la défense des opprimés et au maintien de la justice.

221. L'ancienne Chevalerie, composée d'hommes qui ne ressemblaient en rien aux derniers Chevaliers de nos jours, est un des objets les plus intéressants de notre histoire.

222. Ces braves Chevaliers, qui faisaient un noble usage de leur valeur, étaient aussi estimables par l'aménité de leur caractère, que par l'étendue de leurs connaissances.

223. On ne saurait croire combien on se donnait de peines pour préparer les enfants à la profession de Chevalier; c'étaient ordinairement les Dames qui se chargeaient du soin de leur enseigner leur catéchisme.

224. Lorsque le jeune-homme était devenu Ecuyer, son père le présentait à l'autel; le prêtre célébrant prenait une épée et une ceinture qui étaient posées sur cet autel, et après les avoir bénies, il attachait l'épée au côté du jeune-homme qui commençait alors de la porter.

225. Les femmes ne contribuaient pas peu à entretenir les généreux sentiments qu'on avait inspirés aux jeunes Chevaliers; elles n'employaient pas le temps des entretiens à des bagatelles futiles ou à de jolis riens : c'était par des éloges toujours mérités, que ces vertueuses héroïnes échauffaient le courage de leurs Chevaliers.

226. Faire des prisonniers, enlever un poste aux ennemis, monter à l'assaut, c'était ce qu'une Dame demandait à son amant et exi-

geait de lui , pour juger s'il était digne
d'elle.

227. Quelle que soit votre opinion sur mon
compte , je ne changerai pas de conduite. Je
ne veux pas trafiquer de mon repos avec le
prétendu bonheur d'amasser des richesses.

228. J'oubliai mon livre chez Aspasie , je
crus même l'avoir perdu , mais j'allai aussitôt
le chercher dans son appartement.

229. Il vient de paraître chez Didot une
nouvelle édition du Voyage d'Anacharsis ; je
la crois bien préférable aux éditions précédentes.

230. J'aime beaucoup mieux recevoir une
injure que de la faire : voilà la morale du
vrai Sage , il faut t'y conformer.

231. L'Auteur explique par quel mal-en-
tendu on a imputé à la philosophie la dépra-
vation du goût et le discrédit des arts ; il condamne l'affectation des mots abstraits , qui
est un des vices dominants dans les Ecrivains de nos jours.

232. J'ai une maison et des champs plus
beaux que les vôtres ; je les ai achetés d'un
fermier qui avoit besoin d'argent , et à qui
j'en ai donné de suite.

233. L'accès est assez difficile près de cet
homme qui a amassé de grandes richesses ,
je ne sais par quelle voie ignorée.

234. Il me présenta son fils et sa fille ; celle-
ci entrait dans son printemps , celui-là ache-
vait son quatrième lustre.

235. J'allais, je m'égarais dans les campagnes , je gravissais sur les collines et sur les
rochers ; j'y gravais le nom de mon amante.

236. Antiope adoucit le travail et l'ennui

par le charme de sa voix, lorsqu'elle chante les histoires des Dieux ; la délicatesse de ses broderies surpasse la peinture la plus exquise.

237. J'ai fait observer à votre frère, jeune-homme très étourdi, qu'il ferait beaucoup mieux de rester chez lui, que de venir perdre ici son temps à ne rien faire.

238. Ce terrible événement eut lieu l'an du monde mil trois cent quarante-huit. Quatre-vingt-dix mille personnes périrent de la peste ; il y en eut cinquante d'enterrées sous un monticule planté de chênes verts et de catalpas.

239. Il faut que je sorte, ayant assuré à votre frère que j'irai dîner chez lui ; c'est pourquoi je vous prie de me dire quelle heure il est.

240. Il est beaucoup de gens dont nous avons sujet, tous tant que nous sommes, de blâmer souvent et de haïr le peu de bonne foi.

241. Il est des vérités utiles qu'il faut se rappeler sans cesse, parcequ'elles peuvent aider en mille circonstances.

242. Parménide ne respire que rage et que vengeance ; il reçoit une blessure profonde, et vient mourir près de moi.

243. Je pense qu'il tombera aujourd'hui de la pluie ; les hirondelles qui volent bas, semblent du moins nous l'annoncer.

244. Beaucoup de personnes font du café leurs plus chères délices ; je ne pense pas que cette liqueur soit aussi dangereuse qu'on veut veut bien le dire.

245. O mon ami, je t'en conjure, reviens

de bonne heure ; j'ai besoin de te voir, pour m'entretenir longuement avec toi.

246. Si les hommes étaient plus raisonnables, ils sauraient, pour s'entr'aider, avoir recours aux procédés honnêtes dont ils manquent à l'égard les uns des autres.

247. Plus d'un philosophe adopta avec fanatisme les principes de la doctrine dangereuse à laquelle Épicure donna naissance.

248. Phidias engagea les conviés à rester tranquilles, leur assurant qu'ils n'avaient rien à craindre ; mais on oublia d'éteindre les lampes, or cette précaution aurait pu les sauver.

249. Quelle que soit ma philosophie, je ne puis souffrir, sans me plaindre et sans murmurer tout bas, les maux innombrables dont le Destin m'accable, chaque jour, pour m'éprouver.

250. J'ai horreur de la mauvaise foi, je la déteste autant que qui que ce puisse être, et je crois fermement que c'est à nous qui connaissons nos devoirs, de remplir fidèlement les obligations que nous avons contractées envers nos semblables.

251. J'appris en ce moment, pour la seconde fois, que le courage et la patience sont l'égide qu'il faut toujours opposer à l'adversité.

252. Ce bon père ne travaille pas pour lui seulement, il songe encore à ses enfants, et veut les pourvoir.

253. Pourquoi perdez-vous votre temps à de frivoles amusements ? Croyez-vous donc que le temps une fois passé revienne encore ?

254. On dit que vous avez trouvé quelque chose, et que vous vous l'êtes approprié, ou du moins que vous n'avez pas fait, pour sa-

voir à qui il appartient, toutes les perquisitions qu'il était possible de faire.

255. Je ne doute pas qu'étant aussi intelligents que vous le paraissez, vous n'entendiez parfaitement les ordres que je vous ai communiqués.

256. Je sais bien que j'ai beaucoup d'émules de ma gloire ; cependant mes nouveaux et mes anciens rivaux ne sauraient m'épouvanter.

257. La légèreté, les graces de Théano, sa taille élancée, élevée au-dessus de celle de ses compagnes, arrêtaient tous les regards.

258. Je veux me marier : or ce que j'exige de toi, c'est que tu engages ta mère à obtenir, en ma faveur, un rendez-vous avec cette jeune personne, qui est aussi vertueuse que belle.

259. Fidèles à notre devoir et aux intérêts de la Patrie, nous devons faire tomber notre choix sur des hommes probes et désintéressés.

260. J'ai un projet de voyage, mais le peu d'argent, la trop grande chaleur et mille circonstances réunies me forcent à en différer pour quelque temps l'exécution.

261. Dans le nouvel ordre de choses, on ne condamnera plus à l'horreur des cachots un homme cru coupable, mais dont le crime ne sera pas avéré ; en effet, il est bien étrange que ce soit au milieu d'un peuple naturellement doux et bon, que cet horrible usage s'est perpétué jusqu'à aujourd'hui.

262. Cette église a de fort belles orgues, mais un plus bel orgue se trouve dans la cathédrale que jai rencontrée sur ma route.

263. Si je ne prends pas un grand soin de

ma toilette, c'est que je n'ai personne à qui je veuille plaire, dit une épouse attachée à ses devoirs.

264. C'est un de mes procès, qui m'oblige à partir à l'instant pour Grenoble; et c'est à mon avocat, en qui j'ai eu tort de placer ma confiance, que j'ai l'obligation des démarches que je me vois forcé à faire.

265. Attendez moi ici une demi-heure, je vous rapporterai les deux ouvrages que vous me fîtes remettre hier, et que j'ai oublié de vous renvoyer.

266. L'édition que ce Savant a publiée, des œuvres complètes de Sénèque, fut présentée hier au Corps législatif, et acceptée par lui.

267. A entendre ceux dont les opinions sont différentes des nôtres, il n'y a plus de sûreté en France, et l'on doit s'attendre à toute heure, à y encourir les périls les plus imminents.

268. Cet ouvrage ne leur nuira pas, et il peut leur être utile. Consacrez, je vous prie, un après-dîner pour le lire sans interruption et sans délai.

269. Je ne puis exprimer les vives émotions qui agitèrent mon esprit, à l'approche de la superbe Rome et à ma première entrée dans cette ville.

270. Je pense que les Français se rappelleront toujours ces journées affreuses qui sont écrites en caractères de sang dans les annales de leur histoire. Il en est parmi eux quelques-uns qui sont indignes de pardon.

271. Ecrivez moi, je vous enverrai sur-le-

champ tout ce dont vous aurez besoin pour apaiser les douleurs auxquelles il semble que vous soyez sujet.

272. Il n'y a que moi, dans ce pays, qui m'intéresse à votre santé ; vous pouvez donc compter sur les soins que je prendrai de vous.

273. Darius fut mécontent de l'accueil que lui fit Alexandre ; mais il ne put se jouer des menaces de son vainqueur, ni les braver aucunement.

274. Je connais une maxime bien sage, fondée sur l'humanité ; la voici : Pardonniez vous souvent les uns aux autres.

275. Les pertes que bien des gens ont essuyées, les mettent dans l'impossibilité d'exercer leur bienfaisance envers les infortunés qu'ils ont toujours eu coutume de secourir.

276. Malvina n'abandonna point Ossian, son beau-père ; c'est à cette même Malvina, veuve du vaillant Oscar, que le poète Ossian adresse la plûpart de ses poèmes celtiques.

277. Elle ne rencontre dans les ouvrages du savant Homère, que des sensations agréables, et elle n'y voit pas de réflexions approfondies.

278. On forma des cabales pour perdre Caton ; on blâma hautement les marchés qu'il avait faits, soit pour l'entretien, soit pour la réparation des édifices publics.

279. Certaines gens qui se disent dévots, sont néanmoins tellement pressés, qu'ils sortent de l'église, où ils étaient allés entendre la messe, avant que le dernier évangile soit dit.

280. Je vous engage à apprendre les règles que nous vous avons données sur l'art impor-

tant de la parole, et je voudrais vous voir les mettre en pratique.

281. La promenade est un délice pour mon frère; mais l'étude seule fait toutes mes délices : rien ne me semble, en effet, plus agréable que de travailler.

282. C'est à Westminster, ancienne ville, qui fait aujourd'hui partie de celle de Londres, que le Parlement tient ses séances.

283. Consacrez à ce pasteur l'affection que vous aviez pour vos parents, je n'en serai pas jaloux. Cependant je dois vous faire observer que vous ne pouvez plus habiter ce séjour destiné à la célébration du saint office.

284. L'hôtel des Invalides, sous quelque aspect qu'on l'envisage, soit par rapport à sa structure, soit à cause des chefs-d'œuvre qui le décorent, soit enfin pour la discipline admirable qui s'y observe, est sans contredit, un des plus beaux monuments du siècle de Louis quatorze.

285. Les mauvais succès sont les seuls maîtres qui puissent nous reprendre utilement, et nous arracher un aveu qui coûte cher à notre cœur.

286. De quelque superbes distinctions que s'enorgueillissent les hommes, ils ont tous une même origine, et cette origine est bien petite.

287. Il l'appèle son serviteur, parcequ'il l'a nommé pour lui faire exécuter ses ordres, et que cet homme, en effet, lui obéit.

288. Le vieillard qui vous parle, n'est pas recommandable seulement par son âge, il l'est encore par ses vertus qui le portent à aider les pauvres.

289. Mon cœur et mon imagination doivent trop à la poésie, pour que je ne sois pas enchanté de voir s'accréditer des licences qui tourneraient à la gloire de cet art.

290. Un militaire distingué m'assura hier avoir vu, le matin, le premier grenadier, La Tour-d'Auvergne, et même lui avoir parlé.

291. Son ame pure ne lui permettait pas de suivre l'exemple contagieux des gens en place, qui trafiquent de leur signature, de leur crédit et de leurs promesses même.

292. Il fut emmené à Grenoble, comme secrétaire d'Intendance ; mais son caractère égal et paisible l'éloigna des sociétés bruïantes.

293. J'ai lu avec un vif intérêt l'excellent ouvrage que vous m'envoyâtes hier, et je vous en remercie. Je suis persuadé qu'il trouvera un grand nombre de lecteurs.

294. Vous êtes tellement distrait, que vous ne pensez jamais à ce à quoi vous devez songer. Quel homme êtes-vous donc ?

295. Les Anciens se figuraient les régions septentrionales comme couvertes d'épaisses ténèbres, et ils regardaient celles qui sont situées sous l'équateur, comme formant une zône brûlante.

296. Je me couchai sur le gazon, près et vis-à-vis du rucher, écoutant, sans crainte, bourdonner de nombreux essaims d'abeilles.

297. On envoya Caton dans l'île de Chypre pour l'éloigner de Rome, car on commençait de redouter son influence.

298. Le Ministre de l'Intérieur vient d'arrêter qu'il sera établi un atelier de Mosaïque dans le local consacré à l'instruction des sourds-muets.

299. Le premier de tous les vices de l'ouvrage dont j'ai rendu compte, ainsi qu'on me l'avait demandé, c'est de travestir ce qui n'est pas fait pour être travesti.

300. Montesquieu a dit (je n'examine pas s'il a eu raison de le dire): Faisons tout pour le peuple, et ne faisons rien par le peuple.

301. Si quelque sot te propose de te mesurer avec lui, garde toi d'en rien faire : ne sors pas des bornes que t'a prescrites la Nature.

302. Tant que je ne pourrai pas quitter la profession pénible que j'ai embrassée, je serai toujours véritablement esclave de mes volontés, et je me regarderai comme tel.

303. On a besoin, dans mille circonstances de la vie, de ce courage inébranlable dont je vois presque toujours que la plûpart des hommes manquent dans les occasions difficiles.

304. La République Romaine renfermait dans ses murs des ennemis redoutables. Comme elle était en proie à des factieux qui la déchiraient pour l'asservir, le mépris des lois laissait un champ libre à une licence absolue.

305. Sa table servie sans magnificence et sans profusion pouvait suffire abondamment à tous les convives, quoiqu'ils eussent un grand appétit.

306. On tua un grand nombre de ces derniers, et l'on en vendit jusqu'à trente mille pour les punir de s'être livrés au général Carthaginois.

307. Les absences qu'il avoit coutume de faire, n'avaient d'autre cause que l'amour. La flotte qu'il dirigeait, était bien inférieure

à celle qu'il avait battue quelque temps auparavant.

308. Nous mourrons sans-être regrettés,
parcequ'aucun de ces liens si doux, bienfait
du mariage, ne nous attache à la vie.

309. On prétend que, lorsqu'il fut décédé à
Samos, où il s'était retiré, on mit son corps
dans un sac pour le jeter à la mer.

310. Je me propose de vous envoyer les livres
dont vous m'avez mandé, ce matin, avoir besoin pour compléter votre Histoire Romaine ;
je vous les ferai passer, de crainte que vous ne
les trouviez pas dans la bibliothèque dont vous
m'avez parlé.

311. Rien n'est aussi touchant que la des-
cription des combats, que se livrent dans le
cœur d'Attala, la Religion et l'Amour. Il y
eut un moment où tous ces combats furent
bien près de se terminer par une défaite.

312. On assure à Londres que le Ministre
des affaires étrangères a été exilé, et l'on
s'étonne qu'il le soit. Peu de personnes croient
à ce bruit.

313. La narration est dramatique et divisée
en chapitres, dont chacun a son titre. Cet
ouvrage, dit-on, a extrêmement du débit.

314. Les Anciens nous ont représenté Minerve comme présidant à la sagesse, et aux
beaux-arts ; ils ont voulu nous enseigner, par
cet emblême, que les sciences et les arts sont
le don le plus précieux que l'Être suprême
puisse faire aux hommes ; que, sans les sciences, il ne peut y avoir ni sagesse ni prudence ;
qu'elles sont en quelque sorte les arbitres de
la destinée des Nations.

315. Je vous donne ces deux enfants à éle-

ver, et je vous prie de leur donner la meilleure éducation. Je suis persuadé qu'ils répondront tous deux à l'opinion que j'ai conçue de leur intelligence.

316. Le Très-Haut n'a distribué des richesses à ceux qui les possèdent dans ce bas-monde, que pour qu'ils secourussent les malheureux.

317. Ce vieillard vient à nous, et nous dit avec cette noblesse, cette dignité qui annonce un homme au dessus de sa profession : Étrangers, que j'aie le plaisir de vous entendre, si je n'ai celui de vous voir ! J'ignorais quel homme ou quel Dieu avait eu pitié de ma misère.

318. Les Gètes tirent, tous les ans, au sort pour envoyer un d'eux en députation au Dieu Zatmoxis.

319. Au retour de la promenade, nous soupâmes près du puits : c'était la salle à manger des beaux jours.

320. Pour ne pas laisser subsister le plus léger scrupule, et pour prévenir la moindre hésitation, je crus devoir joindre à cet envoi l'épitre pastorale que j'avais provoquée.

321. A Marathon, dit Aristide, nous étions dix Généraux qui commandaient alternativement. Je cédai bientôt l'autorité à Miltiade; mon exemple fut suivi par plusieurs autres Capitaines.

322. Ci-gît Eucchides, pour être allé à Delphes et pour en être revenu le même jour; il était aussi courageux que robuste.

323. Eole tient les vents renfermés dans de profondes cavernes; sans cette précaution,

leur fureur, leur souffle impétueux dévaste-
rait la terre.

324. En cas d'absence ou de maladie de
plusieurs Professeurs, les autres pourraient
être chargés de les suppléer.

325. Il y eut à Rome un mouvement populaire, dont on ne pouvait alors prévoir ni
calculer les suites. Il me paraît impossible
que le peuple se soulève encore une fois.

326. La jalousie est un moyen excellent
envers une femme ordinaire, qui a plus de
vivacité que d'amour véritable.

327. Miltiade, à qui je cédai le commandement, eut la délicatesse de ne livrer bataille
que le jour où l'autorité suprême lui appartint,
et il remporta la victoire.

328. Une suite d'infortunes m'ont jeté sur
les côtes de France, où j'ai retrouvé des amis
qui m'ont prodigué les généreux secours dont
ils se sont imaginé que j'aurais besoin.

329. Le lieu que vous m'avez indiqué ce
matin, m'a paru bien propre à recevoir un
camp de dix mille hommes, et cette plaine,
bien favorable à la manœuvre des troupes.

330. On demandait un jour à Anaxagore
quel est l'homme vraiment heureux ? Il répondit que c'est celui qui cultive un petit
champ, et qui mêle à ses travaux champêtres
le commerce non ambitieux des Muses.

331. J'avouerai que ce bienfait du grand
Cyrus est un des événements de ma vie les
plus chers à ma sensibilité.

332. Vous avez découvert dans cette science
certains secrets qui ont échappé à Sénèque,
et que nous chercherions inutilement dans ses

livres des *Bienfaits*. Quant à vos services, ils n'ont pas attendu mes prières.

333. Elle ne peut s'aveugler ni se faire illusion sur les terribles conséquences qu'on peut tirer contre elle ; mais elle s'imagine, en se proposant l'objection, l'avoir suffisamment réfutée.

334. Je suis fort sensible à l'attention scrupuleuse que vous avez apportée dans cette affaire dont la réussite a passé mes espérances, et je vous en remercie beaucoup.

335. Je suis assez au fait du jargon philosophique pour suppléer à votre silence , et faire pour vous la meilleure réponse qu'il soit possible d'imaginer.

336. Caton pensait , avec raison , que c'est un grand sacrilège que de battre sa femme ; et ce qu'il admirait le plus dans Socrate, c'était sa bonne intelligence avec la sienne, qui était très méchante.

337. Vous souvenez-vous du voyage fort agréable que nous fîmes ensemble l'année dernière ? Oui , je me le rappelle fort bien.

338. O perte affreuse ! m'écriai-je alors.... et Parménide ! pourquoi n'est-il pas ici ?

339. Ma bien aimée , laissons ces vaines terreurs à l'homme en proie aux remords , et dont les crimes appèlent la vengeance des Dieux ; mais toi , dont l'ame est pure comme l'azur du Ciel , que pourrais-tu craindre ? Nous, qui servons les Dieux , et qui les honorons par l'innocence de notre vie , pourquoi nous frapperaient-ils de leur foudre ?

340. Une des choses qui m'ont le plus frap-

pé chez les Spartiates, c'est leur fermeté, c'est leur courage dans l'adversité.

341. Aucun peuple n'a fait, selon moi, plus de progrès dans la carrière de la civilisation et des sciences, que les peuples qui couvrent aujourd'hui la face de l'Europe.

342. On pouvait justifier cette conduite de Lucullus, en considérant qu'il avait trouvé les troupes énervées par le luxe du pays.

343. La beauté de la nature paraît être sentie par les animaux mêmes. Dans cet endroit charmant sont de petites maisons bien bâties où l'aisance et la propreté se montrent partout. Partout on voit des valets allant et revenant.

344. Tout Paris est venu en foule admirer ce chef-d'œuvre. Il a obtenu un éloge unanime : en effet, chacun s'est empressé d'applaudir aux louables intentions de l'Auteur.

345. Aristide non seulement fut absous du crime qu'on lui imputait, mais encore fut réélu trésorier pour l'année suivante.

346. Votre père nous a présenté ses réclamations, mais de quoi a-t-il à se plaindre, quand on lui a accordé tout ce qu'il a paru désirer ? Il parle de la félicité ; l'avons-nous jamais connue nous-mêmes ?

347. Un de nos Sages a dit qu'une femme est une maîtresse dans les belles années, une compagne dans l'âge mûr, et une amie dans la vieillesse ; qu'ainsi le mariage est bon dans tous les temps.

348. Quand ce Général vint mettre le siége devant cette ville, la saison était trop avancée, pour qu'il pût s'en rendre maître avant l'hiver.

349. Le Roi lui a fait grace, et l'on assure qu'il a reçu son pardon, tandis qu'il allait au supplice.

350. L'Histoire dit que les Athéniens combattirent en Sicile avec plus d'acharnement que de bonheur ; en effet, ils furent vaincus et chassés de ce royaume.

351. On sait que c'est en Asie que l'art de bâtir a pris naissance, qu'il s'est beaucoup perfectionné, et que c'est de là qu'il s'est ensuite répandu dans les autres parties de l'univers.

352. Cet homme trouve toujours des ressources inattendues, et c'est lorsque sa perte paraît le plus assurée, qu'il triomphe le mieux des événements.

353. Mon frère n'est pas aussi instruit que vous le croyez ; il aurait pu étudier les sciences qu'on nous a enseignées, mais il a toujours préféré le jeu à l'étude.

354. Chez les Persans, on enferme le criminel entre deux auges de grandeur d'homme ; elles s'emboîtent de manière que tout le corps est bien enveloppé, excepté les pieds et la tête.

355. Si vous voulez connaître cette manufacture, vous le pouvez aisément ; la grande route fait un détour ; en passant par là, vous abrégerez votre chemin.

356. Nos moralistes nous débitent-ils de plus belles maximes que celles que Cicéron était allé puiser aux Académies d'Athènes ?

357. La faute que ce Général a faite, n'est pas excusable ; je ne pense pas qu'on puisse pardonner à celui qui compromet le salut d'une armée entière.

358. Vous avez vu avec quel zèle je me

suis occupé de vos affections et du soin de soulager votre cœur ulcéré.

359. La magnificence de tant de productions a donné naissance à des systèmes aussi ingénieux que brillants, et a dû nécessairement les accréditer.

360. Je m'étonne que Voltaire, dont l'oreille était si exercée, ait pu écrire cette phrase-ci qu'il adresse au Saint Père : Votre Sainteté a beaucoup d'usage de la langue latine ; j'admire comment Elle s'est rappelé son Virgile aussi à propos.

361. Ce roman est un des ouvrages les plus agréablement écrits, qui soient sortis de la plume du Comte de Tressan.

362. Où trouver dans ces productions toutes récentes ces traits fins et délicats, ce charme qui supplée quelquefois au talent, ce bon ton qui est pour l'esprit ce que la grace est pour la beauté ?

363. Tous les endroits mémorables où Romulus s'arrêta, où Cicéron parla, étaient présents à mes yeux, et je perdis bien des moments d'ivresse, ou plutôt j'en jouis, avant que d'être en état de passer à un examen froid et minutieux.

364. Va manger ailleurs, disait un père à son enfant encore jeune, va plus loin ; tu as la barbe encore trop courte pour pouvoir dîner avec moi.

365. Lequel des deux doit braver avec le plus de confiance les caprices du sort, ou celui qui a accoutumé son corps à mille superfluités, ou celui qui sait se contenter de peu ?

366. Chez les Thraces, les femmes re-

noncent à leur liberté, dès qu'elles l'ont perdue, les maris les achetant fort cher de leurs parents.

367. Les opinions bonnes ou mauvaises, que nous avons sucées avec le lait, s'effacent difficilement, ou, pour mieux dire, ne s'effacent jamais de notre esprit.

368. Les vers d'Homère, aussi bien que ceux des anciens poètes grecs, ne sont autre chose que de beaux airs sans parole, et des sons mélodieux, vides de sens. Je ne sais lequel, vous ou lui, a proféré ce blasphême.

369. Quel que soit le soin avec lequel on prépare les matériaux, c'est principalement à la dernière retouche, et à la sage distribution des effets, que tient essentiellement le génie d'un Auteur.

370. Nommé Professeur à l'une des trois Écoles centrales de Paris, il ne put accepter cette place honorable à cause du mauvais état de sa santé.

371. L'adoption est une déclaration authentique par laquelle un citoyen majeur reçoit dans sa famille un individu, pour qu'il y jouisse de la qualité et des droits d'enfant adoptif.

372. La politique ne trouvera pas de place dans l'ouvrage que se propose de faire votre ami. Nous pourrons donc ouvrir cet ouvrage pour le consulter, quelles que soient nos opinions.

373. Nous allâmes vers une petite grotte que rafraîchissait un ruisseau d'eau vive : c'est là, me dis-je, qu'on peut méditer sur la vie.

374. Je vous renvoie cet ouvrage qui ne

m'a paru ni correct ni élégant. C'est aux Auteurs de retoucher ce qui leur semble de nature à être retouché.

375. Il s'est montré assidu à nos séances ; il les a fécondées de cet esprit d'ordre et de méthode, qui a le même degré d'importance, quelle que soit la destination vers laquelle il se porte.

376. J'ai vu ces malheureux forçats passer le pont ; ils étoient nu-pieds et tête nue, quoiqu'il fît un froid cruel.

377. Créophile donne une fête à laquelle Homère et Thestoride, poète plagiaire, sont invités tous deux.

378. Il faut être clair en français, pour être entendu ; la clarté, ce caractère essentiel de notre langue, la rend éminemment propre à la discussion.

379. Ne faudrait-il pas, pour compléter la singularité, que Larive ou Talma nous produisît un jour un bon Crispin ?

380. L'Auteur est étonné que, sortis de cette crise fatale où des idées de destruction avaient fait des progrès aussi funestes à l'état social, nous n'ayons pas encore porté des peines rigoureuses contre ces hommes pour qui ravager et anéantir sont devenus un besoin.

381. Ces assassins qui avaient désolé le plus beau pays du monde, et qui s'étaient rendus coupables de tant de forfaits, furent pris, et livrés entre les mains de la Justice. Quand ils eurent été convaincus, on ne tarda pas à les faire mourir.

382. Je ne me flatte pas de réussir, mais j'ai fait tous mes efforts pour cela: c'est pour-

quoi je vous prie de me rendre justice, comme je crois le mériter.

383. Aristide, dans toutes les occasions, se montra plein de justice, vertu qui est devenue bien rare depuis le temps où l'on ne compte plus d'Aristide.

384. On vient de m'écrire que Monsieur le Comte de Gabalis est mort d'apoplexie. Dieu veuille avoir son ame !

385. Ayant aujourd'hui aussi peu de fortune, je ne pense pas qu'elle m'aime autant qu'elle le dit ; au reste, c'est pour moi un bonheur plus grand que je ne pouvais l'espérer.

386. Cette révolution se rapporte à cet âge où la République d'Athènes, semblable à un flambeau près de s'éteindre, projeta de vives clartés.

387. Je chante pour oublier mes angoisses et ma lassitude. Si la première ou la seconde chanson ne me ranime pas, je suis ranimé par la quatrième ou par la cinquième.

388. J'ai entendu dire que votre Mémoire, qui a obtenu les suffrages de nos plus grands Savants, doit paraître dans les Mémoires que doit publier l'Institut de France.

389. J'ignorais lequel des deux, le Commandant ou vous, devait apporter les ustensiles dont nous avions besoin pour nous former des cabanes.

390. N'attendons pas, pour implorer la miséricorde de Dieu, que la mort vienne se présenter à nous.

391. Comment a-t-il pu ajouter ce nouveau crime aux crimes qu'il devait expier ? Il

nous semble qu'il a atteint au comble de la scélératesse.

392. Confus, ils se retirent; et, comme ils retournent, chacun chez soi, ils se rencontrent en un carrefour au milieu de la ville, s'embrassent, et vont souper ensemble.

393. Nous avons relevé dans les anciennes éditions de votre ouvrage quelques erreurs que nous aurions desiré de voir corrigées dans l'édition nouvelle.

394. N'avez-vous pas quelque autre commission à me donner pour Paris? Vous me trouverez toujours prêt à vous rendre service.

395. Nous terminerons cette notice comme nous avons terminé celle de la première édition, en invitant nos lecteurs à méditer souvent ce très bon ouvrage.

396. Vous et votre oncle, dès qu'il sera de retour de la campagne, viendrez voir la maison fort agréable que j'ai achetée à une demi-lieue de Chartres, et qui me paraît bien propre à un établissement d'instruction publique.

397. Ni la fière opulence, ni la suprême autorité ne rendront l'homme aussi heureux qu'il peut l'être en réglant ses désirs.

398. Mademoiselle, êtes-vous contente de la tragédie que vous avez vu jouer? Oui, Monsieur, je le suis; les principaux rôles m'en ont paru bien remplis.

399. Ce fut, quand nous étions le plus tranquilles dans ce bois, que la foudre gronda tout-à-coup, et tomba ensuite en éclats.

400. Une chaumière, une cabane même peut suffire à qui sait se borner à peu de chose, et se contenter de peu.

401. Cette hirondelle vole bas, on pour-

rait l'atteindre facilement, soit d'un coup de fusil, soit avec un bâton.

402. Beaucoup de Philosophes de l'Antiquité étaient fort éclairés ; la plûpart d'entre eux ont cru que l'ame est immortelle.

403. N'insultez jamais à la misère et à l'abaissement des autres ; savez-vous dans quelle situation vous vous trouverez un jour? Peut-être, hélas ! deviendrez-vous plus malheureux que ceux que vous insultez !

404. Tout glorieux que sont les triomphes que la France a déjà obtenus, ils n'ont pas paru à bien des gens aussi merveilleux, aussi dignes d'éloges, qu'ils le sont réellement. Pourquoi cela? c'est que la plûpart, au lieu de se réjouir du bien public, ne voient et ne connaissent que leurs intérêts particuliers.

405. Le véritable héroïsme, la passion de la gloire, l'amour de la justice, la franchise, la générosité, la piété filiale : voilà les vertus simples de la Nature qu'ont chantées les anciens Bardes.

406. Les Grecs ne savaient pas, et leurs mœurs leur interdisaient de s'imaginer qu'on pût rencontrer dans les femmes un être capable de faire le bonheur d'un homme.

407. Je ne puis, disait une femme à son mari, être insensible aux soins que vous prenez pour me rendre heureuse ; croyez bien que je le suis, et que c'est à vous seul, Monsieur, que je dois mon bonheur.

408. Vous ne vous bornez pas à me donner tout ce dont j'ai besoin ; vous allez jusqu'à prévenir et satisfaire toutes mes fantaisies.

409. Je veux, dès ce moment, renoncer à toute espèce de luxe ; il est temps enfin que

je pourvoie aux besoins urgents de ma maison, et que je m'occupe du soin d'élever,
comme il faut, nos enfants.

410. Je ne crois pas que vous vouliez rien
ajouter aux dépenses excessives que vous avez
faites jusqu'à aujourd'hui pour contenter mes
moindres désirs ; je vous prie de songer,
Monsieur, au délabrement de vos affaires,
et de le réparer.

411. Cicéron ne pouvait s'empêcher de voir
avec peine qu'il fût hors d'état de rendre service à la République.

412. Ils habitaient les bords de ce fleuve,
sur lesquels ils étaient nés ; ils avaient assez de
hauteur, pour paraître des hommes grands,
mais ils n'avaient pas assez de vertus, pour
paraître de grands hommes.

413. Il me semble que ce moyen donnerait
au Gouvernement une facilité bien grande pour
connaître, réformer les abus, et y remédier.

414. Certes, il se trompe fort ; il me prend
pour un oncle de comédie ; qu'il vienne un
peu, et nous jouerons ensemble la Comédie.

415. Elle déclarait aux chefs des partis jusqu'où elle pouvait s'engager ; on la croyait
incapable de tromper et de se laisser tromper.

416. Lucullus ordonna qu'on lui amenât
prisonniers tous ceux qui n'avaient qu'un œil,
afin de réserver le capitaine Manlius, qui
était borgne, aux supplices les plus affreux
qu'on pût imaginer.

417. Je passe les heures, les jours, sans
trouver le moment de vous écrire. J'espère,
mon ami, que vous ne m'en voudrez pas, et
je désire que cela soit.

3

418. En voilà assez, je pense, pour me justifier, et pour calmer vos craintes ; mais, avant que je quitte la plume, permettez-moi la courte réflexion qui va suivre.

419. Dans la fâcheuse extrémité où je me trouve, que me reste-t-il à faire? C'est à voir si mes anciens amis sont enfin déterminés à m'ouvrir leur bourse.

420. Tu étais accablé de peines, dis-tu, mais tu ne songeais pas aux miennes, fils ingrat! Je n'étais rien moins que satisfait de ta conduite.

421. Je suis persuadé que, si l'on veut y réfléchir un moment, on sentira bien que l'enseignement doit aller au-devant de tous les genres d'erreurs.

422. Son père, en le voyant à l'âge de douze ans, grand, beau et fort, était rempli de la plus douce volupté.

423. Je suis persuadé que c'est une de ces servantes, qui nous a dérobé l'écrin que nous ne retrouvons plus.

424. Il me semble qu'on ne peut pas facilement remédier à ce mal, parcequ'il a pris un caractère effrayant.

425. Je courais çà et là dans le bocage, semblable à une biche qui court à travers les forêts pour soulager sa douleur.

426. Parcourons tous les volumes qui ont paru depuis la reprise de cet ouvrage, et notamment les douze derniers qui ont paru depuis le premier janvier de cette année.

427. L'Histoire, qui est un recueil d'exemples et de faits intéressants qu'on a rassemblés

pour l'instruction du genre humain, doit être, vous en conviendrez, un des objets les plus importants de vos méditations.

428. Les deux éléphants que nous avons vu amener, sont des animaux bien curieux à voir. Nous sommes allés plusieurs fois observer leurs habitudes, leurs mœurs sympathiques, les inclinations diverses qu'ils ont reçues de la Nature.

429. La faute la plus légère, une pensée même peut nous rendre coupables ; il est donc de notre intérêt de veiller sans cesse sur nous-mêmes, pour être agréables non seulement à Dieu, mais encore à nos semblables.

430. Je ne vois pas de quelle utilité sont les trésors et les richesses que tous les hommes paraissent cependant désirer et rechercher. Ils les convoitent, ils les ambitionnent, et, quand ils les ont obtenus, ou ils les enfouissent pour ne pas en jouir, ou ils les emploient pour satisfaire leurs misérables penchants.

431. Sensibles aux charmes de l'éloquence, les Anciens ne pouvaient se persuader que la Rhétorique (tant était grande l'idée qu'ils avaient conçue de cet art !) fût une invention humaine ; ils la regardaient comme le plus riche présent qu'ils eussent pu recevoir des Dieux.

432. C'est quand les personnes malheureuses ont le plus besoin d'assistance, qu'on leur refuse toute espèce de secours et de consolation ; en vain demandent-elles aux riches ce qui leur est nécessaire, pour soutenir une frêle existence, ceux-ci leur refusent impitoyablement le peu qu'ils sollicitent.

433. Il est une remarque qu'ont pu faire

bien des gens ; pour moi qui l'ai faite, j'en ai reconnu la vérité : c'est que la journée est pluvieuse ou doit le devenir, quand les hirondelles volent bas dès le matin.

434. Régulus se rendit au Sénat, où il exposa le sujet de son ambassade et l'état dans lequel se trouvaient les affaires de l'Afrique. Il ne dissimula pas ses craintes, et il répondit à toutes les objections ; il les avait prévues.

435. Il s'en faut beaucoup que cette malheureuse femme soit entièrement guérie ; il lui est survenu un érysipèle à la cuisse, d'où sont résultées la dissolution du sang et la gangrène.

436. Je ne sais si les deux ouvrages politiques que je vous ai prêtés, vous ont paru bons ; quant à moi, je les ai fort goûtés. Ils m'ont semblé renfermer les devoirs que tout honnête-homme doit pratiquer, quels que soient sa religion et son état.

437. La mère de famille trouvera dans cet ouvrage le moyen amusant et facile de familiariser ses enfans avec la contemplation de la nature, et celui de leur inculquer les principes de la morale la plus sévère.

438. La maladie dont vous me parlez, est beaucoup trop invétérée, pour qu'on puisse opérer cette femme.

439. Il vit plusieurs personnes qui se promenaient ; il se serait bien volontiers avancé pour mieux les voir, mais il ne le fit pas de crainte d'en être aperçu.

440. Je t'assure que ce garçon-là me plaît plus que ces freluquets dorés qui ne savent que faire la révérence et montrer leurs dents, comme des chiens hargneux.

441. Une mère avait une fille dont personne ne pouvait s'empêcher d'admirer la conduite. Oui, disait-elle, je me suis regardée comme heureuse du jour où le Ciel m'a accordé cette enfant; mais je le suis surtout à présent qu'elle répond au tendre attachement et à l'amitié sincère que je lui ai toujours témoignés.

442. Sénateurs, dit Régulus, je n'ignore point, et vous n'ignorez pas vous-mêmes, les tourments qui me sont réservés; mais j'aime mieux cesser de vivre, que d'être parjure à mes serments.

443. Vous voyez le château auquel j'ai fait ajouter une aîle; je l'ai rendu, par là même, plus commode et plus logeable qu'il n'était auparavant.

444. J'aurais bien désiré que cet Auteur n'eût pas publié aussitôt un ouvrage qui lui aurait procuré plus de gloire, s'il y avait mis la dernière main.

445. On ne peut qu'applaudir à la conduite de ces soldats qui, soit en guerre, soit en paix, se sont toujours montrés dociles à leur chef.

446. Je vous ai envoyé une demi-aune de cette étoffe que vous m'avez prié qu'on vous envoyât, et qui vous a paru l'emporter sur les autres étoffes que vous avez vues chez moi.

447. Quelle différence entre ces deux frères qui ne se sont jamais convenu! L'oisiveté est pour celui-ci un délice; l'étude fait les plus chères délices de celui-là.

448. Ce fut à Vénus, reine et mère des Amours, que Pâris accorda la pomme d'or qu'avait jetée la Discorde aux nôces de Thétis, lesquelles furent célébrées avec un très grand appareil.

449. Quiconque né ou naturalisé en France croit à la nouvelle Constitution, et en fait profession, peut être regardé comme Français.

450. Il ne faut pas nourrir par des aumônes l'oisiveté du pauvre ; il faut le secourir en l'occupant à des choses utiles.

451. De quelques maux que nous ressentions les atteintes, nous devons les endurer avec courage, persuadés que la résignation contribue beaucoup à l'adoucissement des peines.

452. Prince des Philosophes, vous aimez la révolution qui s'est opérée, et vous avouez aujourd'hui que vous seriez fâché qu'elle ne fût pas faite.

453. Cette expression, dont mille Auteurs se sont servis, n'est ni pure ni correcte ; elle le serait, si elle était employée dans toute autre circonstance.

454. Tout ce dont je vous prie, c'est de prendre garde qu'il ne reste des fautes dans les feuilles que je vous ai envoyées à corriger.

455. Cet homme a l'ouïe extrêmement fine ; il entend ceux mêmes qui parlent le plus bas, bien qu'on fasse du bruit.

456. Il y a plus d'une demi-heure que je l'attends en vain sous ce portique. Je voudrais qu'on me dît pour quelle raison il n'arrive pas.

457. Je vous invite à apporter une plus grande application, quand vous vous êtes mis une fois à l'étude, et je vous le conseille même.

458. Heureux père, voyez cet enfant qui tressaille à vos tendres caresses. Assurez lui que vous l'aimez autant qu'il vous aime.

459. Il y a mille partis divers, mille sectes

différentes, mais celui qui est véritablement ami des lois de son pays, et qui y est attaché, est un Français dont les sentiments honnêtes ne sont pas équivoques.

460. Dans une pièce d'Euripide, on récita deux vers dont le sens était que, dès qu'il s'agit de régner, la justice ne doit être comptée pour rien. L'Assemblée éclata alors en murmures.

461. Cette reine de théâtre avait de temps en temps quelques tons de soubrette, mais ils n'étaient pas assez forts, pour qu'on eût le droit de rire, quelque bonne envie qu'on en eût.

462. Votre opinion, quelle qu'elle soit, sera toujours contestée par les vrais amis de la tranquillité publique.

463. Cet arbre est semblable au sapin qui ne pourrit pas, et qui se consume difficilement dans le feu.

464. Plusieurs Ecrivains consacrent leurs talents et leur philosophie à détruire et à avilir ce qu'il y a de plus sacré parmi les hommes.

465. Voyez si je n'ai pas oublié la lettre que je vous ai promis d'emporter avec moi à la campagne.

466. De grands Ecrivains ont souvent péché contre la langue. Un d'eux a dit de Racine, qu'il éleva sa gloire au dessus de celle de Corneille.

467. Avec quelle chaleur cet ami plein de zèle leur opposa sa mâle éloquence ! A quoi tint-il aussi qu'il ne gagnât son procès ?

468. Ils ne m'entendent plus, hélas ! Ils sont insensibles à mes larmes. Que leur ai-je fait cependant ? Ils ont voulu que je répandisse le sang d'un frère coupable, et je l'ai répandu.

469. Il était impossible à ce grand homme justement regretté de la République des lettres de flatter les princes et les rois qui abusaient de leur autorité.

470. Il ne se souciait de plaire ni aux gens d'esprit, ni aux gens à la mode; il avait uniquement en vue ses véritables amis.

471. Le crime dont vous me parlez, est, à bien y réfléchir, peu croyable au fond; en effet, l'homme est né pour aimer son semblable, et non pour le haïr.

472. La Motte avait coutume de dire que la jalousie est un hommage mal-adroit que l'infériorité rend au mérite.

473. Une pudeur, une certaine honte m'avait empêché jusqu'à aujourd'hui de publier ces notes que j'ai dérobées, mais je me détermine enfin à les faire paraître pour l'avantage de mes concitoyens.

474. Ce Général était tourmenté et inquiété depuis long-temps, mais ses alarmes s'accrurent, lorsqu'il apprit que le peuple Romain demandait son exil.

475. Atrée de Crébillon est un Rembrant dans l'école de Melpomène. Ces grands mots, dit la Harpe, cette dénomination de Rembrant peuvent imposer aux sots.

476. Il m'a paru jusqu'à présent, que les reproches qu'on fait aux associations littéraires, décèlent plus d'esprit de parti et plus de mauvaise foi, que de véritable intérêt pour les lettres et pour les sciences.

477. Je ne pus garder long-temps la haine terrible que je paraissais lui avoir vouée. Il semblait que j'étouffasse.

478. Aussitôt après la mort de ce fameux Dictateur, il revint à Rome où il se livra à mille écarts qu'on a palliés.

479. Le système actuel d'instruction publique a produit beaucoup de bons effets, et il n'a pas produit, à ce que je sache, un seul mauvais effet.

480. Ce fut une des choses qui contribuèrent le plus à lier étroitement ces deux personnes, dont l'humeur n'était pas aussi difficile qu'on voulait bien le croire.

481. On rend la justice dans le pays dont je parle, sans exiger aucune espèce de rétribution.

482. Quelque soin que l'on prenne pour ne rien oublier, on omet toujours quelque chose qui souvent est essentiel.

483. C'est insulter à la philosophie, que de la confondre avec je ne sais quel fanatisme mille fois plus aveugle que le fanatisme religieux.

484. Ce qu'on admirait le plus dans Caton, c'était sa persévérance à vivre à Rome de la même manière qu'il vivait à la campagne; il était aussi sobre dans un pays, que dans un autre.

485. Vous trouverez dans cet opuscule ce qui porte à compâtir aux malheurs des autres, ce qui conquiert leur confiance, malgré les préventions, et qui ne laisse pas même d'alléger beaucoup nos souffrances dans les temps les plus amers de l'adversité.

486. On a raison de dire, que plus un homme a de talent et de mérite, plus il est jugé rigoureusement. Cette pensée est de M....

qui était du Collège et de l'Académie de Chirurgie.

487. On a dit que les Princes sont d'autant plus coupables, lorsqu'ils ne sont pas aimés, qu'il ne leur en coûterait presque rien pour l'être.

488. Un des objets sur lesquels on doit exercer le plus souvent les jeunes élèves, c'est l'art de parler purement et en public.

489. Que j'aimais la conversation de ce Savant ! Je partage bien sincèrement les regrets de sa mort ; ses discours étaient aussi profonds que ses écrits.

490. Nous étions perdus sans ce généreux sacrifice pour lequel nous devons, tous tant que nous sommes, être pénétrés de la plus vive reconnaissance.

491. Assurément j'ai raison de me plaindre, et vous, vous n'avez pas raison de m'accuser, puisque je n'ai rien fait qu'on puisse blâmer.

492. La jeune Princesse fut frappée de la beauté de ce taureau. Elle osa non seulement s'en approcher, mais encore le caresser et s'asseoir sur sa croupe.

493. Le poète Ossian marche au hasard. Dans son ouvrage, les chants se succèdent les uns aux autres, les combats succèdent aux combats, les aventures aux aventures ; le tout est sans suite et sans préparation.

494. Le même accident qui a détruit la manufacture, a failli niveler le terrain sur lequel elle reposait.

495. On peut dire qu'un des plus grands avantages de la sottise, c'est de nous dispenser d'être modestes.

496. Quant à ceux qui veulent étudier les arts agréables, pour en faire leur état, ils doivent s'y consacrer de bonne heure et exclusivement, de manière qu'ils rentrent dans la classe de ceux que la nécessité d'un apprentissage précoce oblige à se borner à l'éducation sommaire.

497. Mes amis m'exhortèrent à faire des observations sur la langue, en m'alléguant que M. de Vaugelas n'avait pas tout dit dans ses Remarques. Ils ajoutèrent que la langue française est un pays vaste où il y a toujours quelque chose de nouveau à découvrir, et une mine riche qu'on ne peut trop creuser; qu'on abolit et qu'on introduit tous les jours des façons de parler dont il est à propos que le public soit informé.

498. Jupiter s'élança dans la mer avec tant de promptitude, que la belle et sensible Europe ne put que pousser des cris. Le Dieu la transporta en Crète; ce fut dans cette île qu'il reprit sa première forme.

499. Agénor donna ordre à son fils d'aller chercher Europe par toute la terre, et il lui défendit de paraître en sa présence, avant que de l'avoir trouvée.

500. Votre ami me disait souvent qu'il ne portait envie qu'à ceux qui pratiquaient la vertu mieux que lui, et qui y étaient plus attachés.

501. Je n'ai pu vouloir la faire renoncer à un culte que j'exerce et qui me plaît. Elle est parfaitement libre dans ses opinions, et je ne serais pas surpris qu'elle persistât dans celles qu'elle a adoptées.

502. Condillac, un des plus habiles méta-

physiciens qu'on ait jamais vus, a dit dans
son histoire moderne : Bailleul s'allia avec
Philippe-le-Bel, fils de Philippe-le-Hardi, et
Édouard s'allia avec Adolphe, successeur de
Rodolphe.

503. Cette statue tenant, d'une main, une
lyre, et soutenant, de l'autre, un jeune
Amour qui paraît la pincer, est celle du
poète de Téos.

504. Les dents de Cadmus n'auraient pas
offert un spectacle aussi sanglant que celui
de trois millions de sabres qui s'agiteraient
dans la nuit de l'ignorance.

505. Elle était encore au berceau, lorsque
échauffé par le vin et passant près d'elle, il
la choqua rudement, et l'accabla d'invectives.

506. Voulez-vous savoir de quel prix est
la science ? On vous rappèlera et l'on vous
citera cet artisan qui se tua à Paris, parceque l'éducation lui avait refusé le talent de
s'énoncer en public.

507. Le caractère général de la mélancolie,
produite par une bile noire, est un délire particulier sans fièvre et sans fureur.

508. Cet homme était fier envers ses supérieurs ; il était ingrat envers les personnes qui
l'avaient obligé.

509. Quand tu verras mon ame près de
s'envoler, arrête la un moment à son passage
par les sons touchants de ta lyre.

510. Est-ce qu'il n'est ordonné qu'aux Philosophes, dit Rousseau, de croire en Dieu ?

511. Pour compléter l'histoire de Bion, je
vais vous raconter les détails de sa mort,
dont je fus instruit, quarante ans après, par
un hasard inespéré.

512. Ces pesants Commentateurs, qui, nous dit-on, connaissaient tout dans les Anciens, hors la grace et la finesse, n'ont pas laissé, par leurs ouvrages, de nous enseigner le sentiment de ces beautés qu'eux-mêmes n'ont pas senties.

513. Le Philosophe de Genève non seulement avait un style élégant et énergique, mais encore entraînait ses auditeurs par la force de son raisonnement.

514. On avait mis les patentes des Imprimeurs plus haut que celles des Libraires, et je ne crois pas qu'on eût eu raison en cela.

515. Sous Solon, le peuple, attaché à ses occupations journalières, était détourné par son intérêt personnel de la manie de perdre son temps aux Assemblées générales.

516. Qui est-ce qui n'admire par le charme du style de Rousseau ? Qui est-ce qui n'est pas pénétré de reconnaissance pour les services qu'il a rendus aux mères de famille ?

517. C'est de l'ignorance seule et de l'oubli de nos droits, que sont provenues toutes les injustices et toutes les persécutions qu'on nous a fait essuyer.

518. Raynal a dit : Serait-il vrai qu'il fallût me rappeler avec effroi, que je suis un de ceux qui, éprouvant de l'indignation contre le pouvoir arbitraire, ont donné des armes à la licence ?

519. Près de descendre dans la nuit du tombeau, près de quitter cette ville immense dont j'ai désiré le bonheur, que vois-je autour de moi ? Hélas ! je ne vois rien qui puisse me rassurer.

520. Législateurs, vous avez vicié votre

ouvrage ; vous vous êtes mis dans une situation telle , que vous ne pouvez le préserver d'une ruine totale , qu'en revenant sur vos pas.

521. Messieurs , vous pouvez m'en croire, nous n'avons rien à craindre des haines ridicules qui assaillent l'autel et le trône.

522. C'est avec raison qu'un Écrivain célèbre a dit que , dès qu'une expression vicieuse s'est introduite dans le langage, ce qui arrive presque tous les jours , la foule ne manque pas de s'en emparer aussitôt.

523. La philosophie et l'amitié sont mon unique consolation ; je les cultive ensemble , et je dois à toutes deux le bonheur dont je jouis.

524. C'est à l'instruction publique , qu'on n'a pas encore consolidée , que nous serons redevables de la régénération future des mœurs.

525. Ce sera en tenant un langage aussi absurde que contraire aux principes d'une saine philosophie , qu'un homme qui avait tant de droits à l'estime publique , perdra , en un seul jour , la gloire qu'il s'est acquise et qu'il a obtenue par ses écrits philosophiques.

526. Nous trouvâmes le temple désert ; un seul prêtre le gardait , et le balayait avec un rameau de laurier coupé près de la fontaine de Castalie.

527. A côté de l'Instituteur habile de qui vous avez appris à suppléer aux sens qui vous manquent par les sens qu'il vous a donnés, vous voyez un Sage chargé par le Gouvernement de veiller à votre subsistance.

528. J'avoue que j'ai été à votre égard d'une indifférence outrée et presque impardonnable ;

mais je vous promets d'être à l'avenir beaucoup plus exact à vous répondre.

529. Ce fut dans la ville de Daulis, qui
n'est pas fort peuplée, que les femmes donnèrent à Térée un repas horrible, dans lequel
elles lui servirent les membres de son fils.
Exemple d'horreur et de barbarie qu'on a
trop suivi depuis!

530. Si les hommes étaient plus sages,
croyez-vous qu'ils ne se pardonneraient pas
les uns aux autres, et qu'ils n'emploieraient
pas, pour se rendre la vie heureuse, d'autres
moyens que ceux dont nous les voyons tous
les jours se servir?

531. Nous y vîmes un temple dédié à Vénus
céleste, qui est bien différente de la Vénus,
née au sein de la mer. L'une (qui n'inspire
que des désirs purs qui élèvent l'ame vers le
ciel,) possède l'amour de l'esprit, l'autre
possède l'amour des corps.

532. Un Instituteur doit être logé d'une
manière convenable et dans un espace assez
grand, pour pouvoir y renfermer sa famille.
Tant mieux si elle est nombreuse! Dieu a
dit qu'il accorde ses bénédictions aux nombreuses familles.

533. Je ne saurais vous exprimer combien
j'ai en horreur et combien je déteste les personnes qui n'ont d'autre occupation que celle
de flatter.

534. Quand un père fait à son fils des ré-
primandes, ou même quand il le punit, il
ne travaille pas pour soi, mais pour l'intérêt
du jeune-homme à l'instruction duquel il se
dévoue.

535. La logique, qui doit précéder l'élo-

quence, doit être précédée elle-même des principes de la grammaire générale.

536. Il y a beaucoup de bains publics, et des fontaines dans tous les quartiers de la ville , car le pays abonde en sources , près desquelles on vient se reposer.

537. Cette femme s'est permis de prendre chez moi un vase qui ne lui appartient pas ; j'aime à croire qu'elle pouvait en avoir besoin pour un moment.

538. Lorsque nous fûmes arrivés à Epidaure , Diagoras nous donna encore des preuves de son irreligion, ce qui n'est rien moins qu'agréable pour les personnes qui ont des sentiments de vraie piété.

539. Il n'y a que l'homme occupé de ses plaisirs, qui non seulement croie que chacun, dans ce monde, ne doit penser qu'à ses intérêts , mais encore soit assez fou pour préférer son bonheur particulier au bonheur général.

540. Elle exposa son fils sur une montagne; une chèvre l'alaita , et le chien du troupeau le veilla. Un jour le chévrier cherchant cette chèvre et son chien, les trouva tous deux près de cet enfant.

541. On a rarement vu un Poète s'avouer vaincu par un autre , et le féliciter sur son triomphe. Ce fut Rotrou qui donna ce merveilleux exemple de modestie , si peu suivi depuis , lorsqu'il eut le malheur de voir ses lauriers flétris par ceux du grand Corneille.

542. De sages Critiques ont reproché au Chantre d'Achille d'avoir prodigué les descriptions et les épisodes qu'il a semés dans son

Iliade. Mais qui peut se flatter d'atteindre à la perfection ?

543. Je conçois que vous n'ayez pas eu le temps de venir me voir, mais je ne conçois pas que vous n'ayez point trouvé celui de m'écrire.

544. Qu'est-ce qu'une somme aussi petite pour les aider à reconstruire leurs maisons, à se meubler, et à réparer les torts de la Fortune ?

545. Aristide fut, dit-on, un de ceux qui rendirent les plus grands services à la République. Les bons et les mauvais citoyens ne pouvaient s'empêcher de l'aimer et de l'estimer.

546. Le Ministre de l'Intérieur conduisit le Prince dans nos principaux établissements publics ; c'est là que se montre véritablement la puissance nationale.

547. On radoube les vaisseaux à Copenhague pour se mettre en état de combattre aussitôt qu'on aura atteint le terme de l'armistice obtenu.

548. Vous voulez que je me rappèle tout ce que j'ai fait dans ma vie ; il faudrait pour cela que j'eusse une mémoire d'ange, et je n'ai que fort peu de mémoire.

549. Autour du temple, on a planté des arbres qui offrent aux passants leur ombre hospitalière.

550. Nouveau Pygmalion, il embrassait souvent cette statue ; mais un jour qu'il la pressait entre ses bras, elle tomba sur lui, et manqua l'écraser.

551. Quels sont les hommes auxquels on n'ait rien à reprocher ? Votre frère m'a fait

beaucoup de mal, mais je le lui pardonne, persuadé qu'il est de l'intérêt de tous tant que nous sommes d'oublier les torts qu'on a eus envers nous.

552. Nous sommes des Grecs très désireux de connaître Sparte, cette ville célèbre qu'on a appelée, avec raison, l'œil de la Grèce. Eh bien ! nous irons ensemble à Sparte, nous répondirent-ils.

553. Le Secrétaire de Porsenna, roi d'Etrurie, ressemblait à son maître, si ce n'est que son vêtement était moins riche. Mutius qui assassina lâchement le secrétaire du roi pour le prince lui-même aurait été livré à la mort, s'il avait montré moins de courage et de fermeté.

554. En gravissant sur cette montagne, nous eûmes lieu de nous convaincre que le bonheur habite souvent les lieux agrestes et solitaires.

555. Je ne crois pas que ce jeune-homme, dont la vie se passe au milieu des plaisirs, ait beaucoup de goût pour l'étude.

556. Dans quelle année Agésilas est-il passé ici ? Je ne me le rappèle pas bien.

557. Il disait souvent que la vérité vaut mieux que le mensonge, mais qu'il faut employer l'une et l'autre, selon l'occasion.

558. Rousseau non seulement était un grand philosophe, mais encore connaissait parfaitement le droit public. Nous devons tous lire et étudier ses œuvres admirables, dont on ne saurait trop recommander la lecture aux jeunes Publicistes.

559. Nous tenons à la vie par l'espérance

du mieux ; mais trop d'épines, trop de maux l'assiégent, pour que nous désirions de renaître.

560. Que j'envie votre sort ! Ne connaissant pas l'univers, et y vivant ignoré, vous êtes sans contredit le plus heureux des mortels.

561. On dit qu'il resta debout douze ans de suite, sans se coucher et sans s'asseoir pour dormir.

562. Je n'ai pu le voir préférer la société des hommes à celle des femmes, sans concevoir une mauvaise opinion de sa manière de penser. Il y a tant à gagner avec celles-ci !

563. L'épouse de votre ami, laquelle est d'une figure si intéressante, est venue me demander où vous étiez. Est-il ici ? m'a-t-elle dit. Je compris que c'était de vous qu'elle voulait parler.

564. Dans les premiers jours de l'année, chacun a coutume d'adresser au Ciel des vœux pour ceux auxquels il s'intéresse. Cependant la plûpart de ces souhaits sont fondés moins sur l'estime qu'on porte à ceux qu'on va visiter, que sur les services qu'on espère d'en retirer.

565. Ce Philosophe disait aussi que servir les humains est la première vertu après la piété, et que l'on doit obéir à la loi de la Nature, écrite dans tous les cœurs.

566. En lisant un passage de Platon, j'ai présumé que les anciens peuples de l'Egypte ne faisaient pas des sciences tout le cas qu'ils auraient dû en faire.

567. Il y avait autrefois des deniers d'argent, et c'est de ces deniers qu'on parle,

quand on dit que le Christ fut vendu trente deniers.

568. Il n'est pas difficile de distinguer les personnes qui font consister leur amusement dans l'etude, de celles qui n'aiment qu'à se divertir.

569. On dit avec raison que Rousseau est un de ceux qui ont le plus contribué à la perfection des arts.

570. Lorsque les Romains eurent porté leurs conquêtes hors de l'Italie, ils n'eurent plus d'égard aux traités qu'ils avaient faits avec les autres peuples, mais ils en réclamaient pour les conventions que ceux-ci avaient faites avec eux.

571. Comment put-il se faire que les prêtres de l'ancienne Rome eussent cru qu'ils fussent les seuls dépositaires de la vérité ? La vérité doit luire pour tout le monde ; c'est de ce principe incontestable, qu'on doit partir.

572. Ce Philosophe était libre et fier envers les Magistrats, quoiqu'ils fussent revêtus d'un pouvoir arbitraire.

573. On peut dire que cet ouvrage, qu'on a entrepris pour se rendre utile aux fabricants et aux manufacturiers, l'emporte sur tous les ouvrages qui ont été composés dans cet esprit.

574. J'espère que le choix qu'on fera incessamment dans cette ville d'un Maire intelligent, tombera sur le citoyen que vous connaissez, et qui, à toutes les vertus sociales, joint l'intelligence et l'activité ; je ne désire pas moins que la chose ait lieu ainsi.

575. Voyez ce magasin où un libraire igno-

rant a entassé et confondu tous les bons et les mauvais ouvrages, les sacrés et les profanes.

576. Je doute que ce vocabulaire eût été présenté à la République de Genève et accepté par elle, si celui qui l'a rédigé lui avait donné le jour.

577. C'est un enfant qui sera bien facile à instruire. Je lui donnerai pour maître une personne qui lui enseignera tout ce qu'il doit savoir.

578. Ce dont je suis fâché, c'est qu'il mette toujours la vertu à un si haut prix, qu'il faille y renoncer en quelque sorte.

579. O vous, pour qui le triste métier de plaideur a autant d'attraits, rappelez vous cette vérité bien constante : Il vaut mieux perdre tout, que de chercher à gagner un seul procès.

580. Quels sont donc les principes de ceux qui, connaissant mal le cœur humain, ont avancé que l'émulation est la cause des fléaux qui désolent la société ?

581. L'homme ne peut faire usage de sa liberté précieuse, qu'autant qu'elle ne s'oppose pas à l'effet salutaire des lois.

582. Vous m'avez fait l'offre gracieuse de m'envoyer ces livres de philosophie, que je n'ai pas encore lus, parcequ'ils ne me sont pas tombés sous les mains ; je profiterai de votre offre pour lire ces bons ouvrages : d'ailleurs, je n'aime pas à rester sans rien faire.

583. Voulez-vous connaître la raison pour laquelle les hommes sont aussi peu sincères ? la voici : c'est qu'ils ne s'aiment point, c'est qu'ils oublient sans cesse qu'ils sont frères, et que le Ciel les a créés pour s'aimer, pour

se porter des secours mutuels, et surtout pour qu'ils se pardonnent les uns aux autres.

584. Virgile a dit qu'il est bon de mettre le feu à une terre stérile, et de brûler entièrement tout le chaume qui s'y trouve.

585. Il n'y a que vous, mon ami, qui vous mêliez ici de tout ce qui ne vous regarde pas. Songez plus à vos propres affaires qu'à celles d'autrui.

586. Que l'on trouve dans Homère et dans Virgile d'épisodes heureusement amenés ! Ces deux poètes ne sont pas tant connus par la quantité des ouvrages qu'ils ont faits, que par la bonté de ces mêmes productions.

587. Milton, un des poètes Anglais qui se sont le plus distingués, dit dans son *Paradis perdu*, que jamais couple ne fut plus uni qu'Adam et Eve. Ils marchaient tous deux, en se donnant la main ; ils savaient s'aimer et se respecter l'un l'autre.

588. La modestie est une vertu dont bien des femmes se croient dispensées, surtout celles qui ont reçu une éducation peu commune.

589. Ce Général réussit dans toutes ses entreprises, au point qu'il fut regardé comme le plus heureux et le plus habile des Capitaines de ce temps-là. On le qualifia de héros, sans qu'il eût brigué ce glorieux surnom.

590. N'envoyez pas chercher cet artisan, car ce n'est pas de lui, croyez-moi, que votre oncle se servira aujourd'hui.

591. Vu le peu d'expérience bien connu de cet Amiral, il y aurait dû avoir un bien plus grand nombre d'hommes tués dans la bataille qu'il donna.

592. Lorsque Henri quatre eut soumis quel-

ques villes du parti de la Ligue, on lui con-
scilla de traiter avec rigueur un Ministre fort
colérique qui s'était opposé avec fureur aux
volontés de ce grand Roi.

593. Cette femme, dont on vantait tant le
courage, eut l'air soucieux et abbatu, dès
qu'on lui eut annoncé la mort de son fils.

594. De ce que Pierre est savant, et que
Paul est sage, il ne suit pas, dit *Dumarsais*,
que Jean soit sage ou savant.

595. Vénus avait la tête nonchalamment
appuyée sur le sein de la mollesse, et les Plaisirs étaient à ses pieds, toujours prêts à obéir
aux moindres volontés de leur Reine.

596. Un convive est mort, non pas parcequ'il s'est trouvé à table avec douze autres
personnes, mais parceque les hommes sont
mortels, et que, pour cette raison, plus il
y a de personnes réunies, plus il est vraisemblable que, dans l'espace d'un certain temps,
quelqu'une de ces personnes paiera à la Nature le tribut que toutes les autres paieront,
chacune à son tour.

597. Si les biens véritables me manquent,
je me contenterai des biens imaginaires, et
je considérerai que les riches ne jouissent pas
parfaitement de leurs richesses et de leurs
trésors. Quant à vous, vous êtes, je le pro-
teste, un vrai trésor pour moi.

598. J'éprouve en ce moment une joie si
grande, qu'elle m'empêche de parler; je vous
reverrai un autre jour avant que vous partiez.

599. Les nations les plus raisonnables sont
assurément, non pas celles qui raisonnent le
mieux sur leurs devoirs, mais bien celles qui
ont coutume de les pratiquer le mieux.

600. Je ne me propose pas de rester plus de trois jours à la campagne, parceque j'ai des affaires importantes qui m'appèlent à la ville, lesquelles, je crois, vont être bientôt terminées.

601. On dit que, quand on ramena à Paris le Philosophe de Ferney, dont tout le monde se rappelait ou savait par cœur les ouvrages charmants, on n'avait jamais vu une foule plus considérable de spectateurs.

602. Il y a lieu de croire qu'on rétablira assez de maisons pour mettre à couvert, avant la gelée, ceux des habitants que ce désastre n'a pas contraints à chercher d'asyle ailleurs.

603. Rome était alors divisée en deux factions, à la tête desquelles étaient Marius et Sylla, tous deux également célèbres par leurs exploits divers.

604. Quel est le but de la philosophie? N'est-il pas de nous rendre heureux, tous tant que nous sommes? Or, comment pouvons-nous le devenir, si nous ne sommes ni bons pères, ni bons époux, ni bons citoyens?

605. Lorsque nous fûmes arrivés à la place publique: C'est ici, nous dit-il, que se tient le Conseil des vieillards.

606. Ni la foi que tu m'as jurée, ni la malheureuse Didon près de mourir de douleur, ne sauraient donc t'arrrêter?

607. Si l'on n'y prend garde, cette maison pourra bien, en tombant, causer la mort de plusieurs personnes; or ce malheur serait très grave;

608. Je m'empresse de vous répondre à

l'occasion de la Dame dont vous me parlez, en me demandant si elle existe encore dans nos parages. Je crois, mon ami, qu'elle n'est plus de ce monde.

609. Laissons aux hommes vulgaires et corrompus le plaisir de plaisanter jusqu'à la fadeur, sur la séduction du serpent. Pour nous, qui nous sommes livrés à l'étude de la Nature, et qui avons supporté la vie sauvage des déserts, pour rechercher les œuvres du Très-Haut, nous confessons avoir souvent rencontré le serpent.

610. L'homme pourrait vivre de peu, s'il le voulait. Quant à moi, j'ai assez, pour vivre, du produit de cette terre.

611. Voiture et Balzac ont été loués par deux hommes qui étaient très avares de louanges : Molière et Boileau. Leur réputation imposait encore à ces deux juges sévères.

612. Quoiqu'elle n'eût que quinze ans, elle pouvait voir néanmoins combien le renom de la piété était alors glorieux.

613. Ce qui fait, selon moi, un des principaux charmes de Madame de Sévigné, c'est que, dans ses lettres, elle est toujours femme; jamais elle n'est pédante, jamais elle n'est femme de lettres.

614. Il faut que vous ayez pensé que j'étais devenu bien indifférent à tout ce qui vous concerne, pour m'avoir laissé ignorer ce que je n'ai appris que par la voie des journaux : votre promotion à cette place éminente.

615. Il est inutile de chercher à prouver une chose dont personne au monde ne pourrait prouver le contraire.

616. Je ne crois pas que cet Empire soit

échu au Prince dont vous parlez. Il avait cessé de vivre avant que le royaume de son père passât en d'autres mains.

617. Nous croyons pouvoir assurer à ceux qui liront cet ouvrage, qu'ils y trouveront de quoi satisfaire amplement leur juste curiosité.

618. De vos deux sœurs, celle-ci me paraît être la plus heureuse; et c'est néanmoins celle qui méritait le moins de l'être.

619. Le siècle même des lumières n'est pas allé plus loin, et je m'étonne que nos plus grands philosophes n'aient fait que répéter ce que ces réformateurs avaient dit les premiers.

620. Il faut, je pense, remercier l'Institut du bon esprit qu'il montre en cette occasion et qu'il a montré dans des circonstances précédentes. Puissent les autres Sociétés suivre son exemple!

621. C'est de cette maison que partent, et c'est dans cette maison qu'arrivent toutes les voitures de Paris. Je désirerais que vous connussiez cet utile Etablissement.

622. Qu'avez-vous donc qui vous fasse rire? Je ne vois pas ce qui peut exciter en vous la gaîté, quand tout remplit l'âme de tristesse.

623. Il y a des arbrisseaux qui, lorsqu'on les transplante avec soin, deviennent beaucoup plus beaux, et sont d'un plus sûr rapport.

624. Est-ce de vous, Monsieur, qu'on parle, quand on dit qu'on a volé à quelqu'un dans cette maison une somme de quatre cents francs? Non, Madame, ce n'est pas de

mon vol, qu'il s'agit en ce moment, car on m'a pris seulement des provisions en tout genre, que j'avais néanmoins achetées fort cher.

625. Cet ouvrage, que je ne me proposais pas encore de faire, m'obligera à des frais particuliers d'impression et d'envoi, que je ne peux supporter seul.

626. Il faut qu'un Médecin sache imposer partout, soit par de belles phrases, soit par une belle montre. Cette remarque faite pâr un Médecin, est très vraie; l'éclat d'un bijou ou l'obscurité du langage a le même but, et presque toujours le même succès.

627. Le métier d'adulateur est un triste métier, et un vice qui dégrade, à mes yeux, tout homme libre. C'est de ce défaut, qui nuit tant aux intérêts de la société, que nous devrions nous corriger, tous tant que nous sommes.

628. Francklin alla voir le docteur Mather. Comme il sortait de chez lui, le docteur lui indiqua un chemin plus court, mais ce passage était traversé par une poutre peu élevée. Baissez vous, dit le docteur à Francklin; si vous portez la tête trop haut, vous vous la heurterez contre la poutre.

629. La difficulté d'assurer l'existence et le bonheur des domestiques, quand ils sont parvenus à une extrême vieillesse, nous a fait naître l'idée d'un Etablissement de ce genre.

630. Il fut défendu à tout militaire d'outrager et de provoquer en aucune sorte les

individus à raison de leur coiffure ou de leur costume.

631. Je ne vois pas que les mœurs nouvelles aient pu augmenter la puissance d'aimer, à moins que, par cette puissance d'aimer, on n'entende la puissance de jouir.

632. Ces soldats pleins de courroux combattaient, non pas dans l'espérance de remporter la victoire, mais bien pour venger la mort de leur intrépide chef.

633. Il a employé près de trois pages à disserter sur un misérable objet auquel il n'aurait pas fallu consacrer six lignes. La question était depuis long-temps décidée, et l'on y avait répondu.

634. Marmontel a excellé dans la coupe des airs, et a soutenu mieux que personne, le ton de l'ariette noble; mais il a peu d'invention, et il n'a pas de gaieté: au lieu que Favart est plein de grâce et de finesse.

635. C'est également la coutume des peuples les plus barbares et des plus civilisés d'avoir un cérémonial pour les actions publiques et solennelles.

636. La plûpart des hommes s'attachent aux choses extérieures, et reprennent avec joie les moindres défauts des autres, sans paraître faire aucun cas de leurs vertus.

637. Je sais rendre justice à qui il appartient, bien différent, en cela, des personnes que l'aspect du bonheur d'autrui mine insensiblement.

638. En sortant de la maison paternelle pour se rendre à Paris sans autre ressource

que son nom, il avait dit : Je ferai fortune; et il devint riche en effet.

639. Lycurgue était du nombre des Orateurs qu'Alexandre-le-Grand voulut qu'on lui livrât; les Athéniens ne crurent pas devoir consentir à sa volonté.

640. Empruntez d'un de vos amis la somme dont vous croyez avoir besoin pour acquitter de suite les dettes que vous avez mal à propos contractées.

641. Ces événements étaient alors regardés comme des calamités, mais non pas au point que nous pouvons nous l'imaginer, ni telles qu'elles leur parurent à eux-mêmes par la suite.

642. Je me suis convaincu que la langue française, dont les qualités spéciales sont la sagesse et la clarté, le cède à la langue Anglaise du côté de la richesse et de la force.

643. J'ai chargé quelqu'un de vous envoyer l'exemplaire dans lequel vous avez remarqué une faute; je suis bien surpris qu'il ne vous soit pas encore parvenu.

644. Nous nous sommes empressés de voir cet Ecrivain satyrique, et de lui demander s'il avait eu intention de vous faire de la peine, en critiquant votre ouvrage. Il paraît que ce n'a pas été son dessein.

645. Il n'y a pas de doute qu'au moment où je vous écris la présente, pour vous féliciter de votre heureuse arrivée en Bourgogne, la paix ne se proclame à Paris.

646. Cette voiture arrivait assez droit pour qu'on pût l'éviter; aussi m'étonnai-je que ce fâcheux événement eût eu lieu.

647. Nous avons mieux aimé paraître blâ-

mables un instant, que d'agir avec trop de précipitation.

648. C'est à vous seuls, mes amis, qu'il appartient de régler mes affaires un peu délabrées. Il n'est aucune mesure, quelle qu'elle soit, que vous ne deviez employer dans cette circonstance difficile.

649. On a placé sous ce portrait généralement admiré celui d'un homme trop fameux, qu'on ne peut se rappeler qu'avec une sorte de frissonnement.

650. Ce qui fit bien voir qu'il avait suivi la véritable route, ce fut l'excès choquant où, quelque temps après, tomba Ronsard plus savant que lui, mais moins honnête homme.

651. En vous décrivant ces contrées, je vous indiquerai les lieux où l'on combat en ce moment, où les troupes ennemies sont aux prises avec les armées françaises.

652. Combien de gens de lettres, de savants distingués, ont cherché au sein des Écoles Centrales, un état qui les mît à même de former des disciples, et de cultiver les sciences et les lettres, qui font leurs plus chères délices !

653. Avons-nous été long-temps éloignés de notre terre natale, nous l'abordons avec un sentiment religieux. De vieilles ruines nous intéressent beaucoup plus que des édifices nouveaux.

654. On voit que nous ne séparons pas l'éducation de l'instruction ; on ne doit pas en effet les séparer. Celle-ci est pour l'esprit, et celle-là, pour le corps.

655. Former des hommes vertueux, tel est le principal but de l'enseignement. La vertu

peut suppléer à toutes les connaissances, mais aucune connaissance ne peut remplacer la vertu.

656. Nous tenons à la bonne opinion qu'on a conçue de nous; tant de gens ont une réputation si mauvaise et si bien méritée !

657. Le troisième, le quatirème, le cinquième et le sixième volume contiennent tous les autres articles qui peuvent entrer dans l'examen statistique d'une Nation. On croit qu'ils ne sont pas aussi bons que les premiers.

658. Voici un nouveau genre de sympathie dont je crois pouvoir défier tous les philosophes de rendre raison.

659. M. de Kotzebue fut placé d'abord à un Tribunal d'Appel, en qualité de premier Assesseur ; il devint ensuite Président de ce même Tribunal. Il a rempli cette dernière fonction jusqu'en mil sept cent quatre-vingt-quinze.

660. Elle y met une telle expression, qu'il semble qu'elle lise dans mes yeux ce qui se passe en moi.

661. Toutes les Puissances Barbaresques ont reçu l'ordre de relâcher tous les esclaves, de quelque nation qu'ils soient ; on espère qu'elles le suivront.

662. Les énormes baleines, des troupeaux de dauphins s'inclinent respectueusement devant leur Roi, s'agitent autour de son char, et derrière lui.

663. Je ne suis pas tellement perdu dans les espaces imaginaires, que je ne m'intéresse beaucoup à ce qui te concerne.

664. On a vivement applaudi, ainsi qu'on

devait le faire, à tes vues de bienfaisance et
à celles qui sont renfermées dans ce discours.

665. Après avoir prouvé que tous les grands
hommes qui ont illustré la France, se sont
montrés ou les émules ou les disciples des Anciens, l'Orateur a démontré combien il nous
importe aujourd'hui d'étudier les chefs-d'œuvre
de tant de grands Écrivains.

666. Les Elèves couronnés ont été accueillis
par les embrassements et par les félicitations de
leurs parents; de là, ils sont allés remercier
leurs maîtres des soins qu'ils ont pris d'eux.

667. Quelqu'un conseillait au cynique Dio-
gène de se reposer pendant sa vieillesse, et
l'y invitait par intérêt pour lui.

668. Cet amant sensible errait sans cesse
dans un morne silence autour de la tombe
de son amante. Faut-il que je l'aie perdue
pour jamais, s'écriait-il!

669. Les femmes qui n'ont d'autre bonheur que celui de dominer et de plaire, sont
précisément celles qui sont étrangères au bonheur de leurs époux; aussi ne méritent-elles
pas qu'on leur pardonne cette conduite.

670. Les Grecs employèrent à saccager un
grand nombre de petites villes tributaires du
roi Priam, les neuf années qui précédèrent
immédiatement la ruine de Troie.

671. Le premier de ces tableaux représente
un Géant d'une taille un peu moins élevée
que celle des Géants de la Sicile.

672. Il n'y a que le génie et le talent qu'on
ne puisse pas enchaîner. Dolomieu, dans les
fers, composa un nouvel ouvrage sur la minéralogie.

673. Ouvrez les pages de l'Histoire , et vous verrez que ceux qui étaient les plus philosophes , croyaient fermement qu'il existe un suprême Moteur de tout ce qui respire.

674. Une communication facile entre des personnes vouées aux mêmes études , doit non seulement exciter l'émulation , mais encore réveiller des idées qu'on aurait laissées s'assoupir.

675. On le vit , au milieu des enfants du village , donner des leçons d'arithmétique à chacun d'eux. Tous , jusqu'à ses domestiques , avaient part à ses instructions aussi aimables qu'utiles.

676. Monime essaya de se donner la mort avec le diadême qu'elle passa autour de son cou , mais qui , en se déchirant , trompa son attente.

677. Ceux qui prêtaient du secours à cette jeune personne , n'étaient pas dans une position aussi critique que celle qui le recevait.

678. Il accueillait les Elèves avec cette bonté , cette douce affabilité qui encourage et double les récompenses , de quelle nature qu'elles puissent être.

679. La facilité aide à faire , mais elle ne fait point ; elle va plus vîte , mais elle ne va jamais aussi loin que le travail. Quelles que soient vos productions , la facilité peut tout au plus y ébaucher les contours de l'élégance , mais c'est le travail seul qui peut y imprimer le sceau de la perfection.

680. Un petit nombre d'êtres privilégiés sont appelés au pénible et glorieux métier d'Auteurs. Il semble que la Nature soit avare d'hommes destinés à répandre les lumières.

* 4

681. Les idées de la Religion, lorsqu'elles ne sont pas mises en œuvre, mais qu'elles sont reléguées dans un coin de l'âme, perdent beaucoup de leur force et de leur éclat.

682. Elle demanda grâce pour le coupable, on le lui promit, mais il n'en fut pas moins condamné à mourir ignominieusement.

683. Les méchants non seulement sont ingrats envers leurs bienfaiteurs, mais encore cherchent les moyens de leur faire du tort. Tel a obligé les autres, qui s'en est souvent repenti.

684. Ce n'est qu'au moment où j'ai vu près de se dissoudre les restes de la coalition, que j'ai cru devoir envoyer en Angleterre une partie de ma flotte.

685. Vous êtes la seule femme qui sache prendre autant d'empire sur elle-même et sur ceux qui l'entourent.

686. Cet ouvrage doit être connu des personnes qui ne sont pas à portée de se le procurer, et il demande de nous un extrait assez étendu, pour que nous intéressions, s'il est possible, nos lecteurs autant que l'ouvrage nous a intéressés nous-mêmes.

687. Il faut, pendant trois jours, vous purifier, soir et matin, avec de l'eau lustrale, invoquer chaque fois Neptune, et ne manger que des légumes secs. N'a-t-on pas sujet de rire d'une pareille observance ?

688. Ce n'est pas la vérité qui manque aux hommes, a dit Bacon, ce sont bien plutôt les hommes qui manquent à la vérité.

689. Le renvoi des Ministres actuels, a dit un Lord très estimable, est le seul moyen

qui puisse nous garantir d'une destruction totale.

690. Pour que le parachûte fût prêt le jour indiqué, je fus non seulement contraint à renoncer aux moyens de précaution, que commandait la prudence dans un essai de cette nature, mais encore forcé à supprimer des agrès nécessaires à ma sûreté.

691. Il ne faudrait pas qu'on négligeât toutes les mesures législatives, propres à favoriser les nouvelles Écoles qu'a instituées le Gouvernement, et à leur donner de l'éclat.

692. On prétend qu'il y avait un livre où étaient écrites les destinées des hommes : du moins quelques Poètes de l'Antiquité le pensèrent et l'écrivirent ainsi.

693. Insensé que je suis, hélas! je suis tombé dans l'esclavage, en cherchant les moyens de me venger d'une aussi légère offense!

694. On a représenté sur ce théâtre deux ouvrages assez bons; l'un a été joué le onze; l'autre, le vingt de ce mois. Celui qu'on a représenté le onze, n'a cependant pas réussi complettement.

695. De telles gens craignant l'autorité de la Princesse, l'aidaient à tromper le Roi, dans la crainte de déplaire à cette femme hautaine qui avait toute sa confiance, bien qu'elle ne la méritât pas.

696. Vous m'avez dit qu'on vous annonça hier une bonne nouvelle. Voulez-vous bien m'en faire part? Assurément, je vous en ferais part volontiers, si je ne craignais votre indiscrétion, qui m'est tant soit peu connue.

697. Nous nous aimions tendrement l'un

l'autre , et notre affection mutuelle s'accrut avec les années. Un triste et fâcheux revers détruisit le bonheur dont nous jouissions.

698. Le temple de ce Dieu est à douze stades d'Orope, dans l'endroit même où l'on dit que la terre s'ouvrit sous ses pas et l'engloutit avec son char , lorsqu'il fuyait de Thèbes.

699. Bien jouer n'est pas l'affaire d'un jour, mais cet homme paraît avoir été formé par la Nature , pour monter sur le théâtre.

700. Le Clergé , à Londres , fréquente sans scrupule la Comédie , quoique les pièces du théâtre Anglais ne soient , à beaucoup près , ni aussi chastes ni aussi décentes que les nôtres.

701. Nous jouîmes de la vue du lac , de ses légères ondulations , de la fraîcheur de l'air , et du reflet de la lune sur la surface des eaux. Les esclaves s'étant retirés , Bion nous conta l'histoire d'Apollonide.

702. Nous étions visités surtout par des neveux et par des cousins au quatorzième degré , qui tous , sans le secours d'aucun Généalogiste , se rappelaient très bien leur parenté avec nous.

703. Si les détails de la médecine , nous dit-il , n'étaient pas aussi fastidieux , je vous dirais quels étaient ses principes. Nous lui assurâmes que nous l'entendrions avec un très grand plaisir.

704. Deux femmes , dont l'une était jeune et belle , l'autre , laide et surannée , captivaient un homme d'un moyen âge. Voulant paraître lui ressembler , toutes deux lui ar-

rachaient en même temps les cheveux, dont les uns étaient noirs, et les autres, gris.

705. Comme notre maison était située près du grand chemin, nous avions souvent l'avantage d'y recevoir un voyageur ou un étranger, qui venait se rafraîchir avec notre vin.

706. Peut-on condamner à la misère une foule de talents précieux qui languissent, et n'attendent qu'un marche-pied solide, pour reparaître sur la scène et la revivifier ?

707. Mon parent m'a chargé de vous dire qu'il ne manquera pas de vous renvoyer demain les deux poèmes que vous lui avez prêtés.

708. Si vous ne voulez pas me rendre bientôt la justice qui m'est due, je saurai me la faire moi-même, parceque je ne veux recevoir d'humiliation de personne.

709. De ce que les Grecs n'étaient pas les premiers esclaves de leurs femmes, il ne suit pas qu'ils aient méconnu les douceurs d'une tendre union.

710. C'était une chose étonnante, que de voir, au milieu du faste général, un homme qui s'élevant, par son mérite, au dessus de ses concitoyens, vivait avec la simplicité d'un Plébéien, et n'était pas mieux vêtu que lui.

711. L'Ermite lisait tranquillement dans son psautier, et ne tressaillait que lorsque les éclairs étaient si forts, qu'ils obscurcissaient la lueur de notre lampe.

712. Dans nos gymnases, les Elèves malheureusement ne font jamais usage de la langue latine en parlant, ou du moins ils en font rarement usage.

713. Il ordonna des levées de soldats, qu'il dispensa ensuite de marcher, parcequ'on lui paya les sommes qu'il avait demandées.

714. Nous possédons ici le Comte de Li-vourne, et nous cherchons à lui rendre agréable le séjour de notre cité. Voilà ce qu'on nous mande de la ville de Lyon.

715. Trois jeunes filles, brillantes de san-té, passèrent près de nous. Je dis à Démo-nax : Voilà trois superbes femmes. — Elles ne s'en doutent pas. — Je le vois bien pour elles, s'écria Phanor !

716. Laurence, fille d'un Sénateur de Venise, aima un Génois, nommé Alvinsi, et en fut aimée.

717. On peut demander si c'est le Légis-lateur qui a manqué aux peuples, ou si ce sont les peuples qui ont manqué au Lé-gislateur.

718. Il employa son temps, non pas à cultiver les sciences, comme il aurait dû le faire, mais à jouer avec de jeunes Sei-gneurs qui travaillèrent à sa ruine, et la consommèrent.

719. Ce n'est plus que dans les livres dé-fendus, qu'on trouve la vérité ; on ment dans les autres d'une manière absolue.

720. Quel est le plus coupable, s'écrie Rousseau, ou le bourgeois crédule qui prête son argent, ou l'homme de qualité qui le lui escroque ?

721. Pour juger sainement les Anglais et les Français sous le rapport littéraire, il suf-firait de savoir lesquels, nous ou eux, se sont rapprochés le plus des anciens modèles.

722. C'est à vous d'entretenir le feu sacré

près de s'éteindre. Que vos succès en tout genre attestent l'utilité des langues anciennes qu'on a trop négligé d'enseigner à la Jeunesse.

723. Nous bornions tous nos voyages à passer d'un appartement à un autre, et toutes nos aventures étaient celles du coin de notre feu.

724. Peu s'en fallut que mon père et moi ne quittassions cette demeure fort peu commode, qu'on voulait nous louer beaucoup trop cher.

725. Est-il certain que, quelle que soit l'époque du Christianisme à Rheims, son Église comptât déjà plus de douze Évêques au milieu du cinquième siècle ?

726. Ce matin, la Pythie s'est baignée dans la fontaine de Castalie, s'est lavé les pieds et les mains, a bu une certaine quantité d'eau, et mâché des feuilles de laurier, cueillies près de la fontaine.

727. Suivons l'exemple que nous a donné l'Assemblée Constituante. Combien ses délibérations étaient majestueuses, solennelles et approfondies !

728. Un Écrivain Anglais a dit : On ne peut pardonner à M. de la F***, soit qu'il ait été bien, soit qu'il ait été mal intentionné. La haine est donc un sentiment bien doux ?

729. A peine ma fille eut-elle atteint l'âge de quatre mois, que Philon me fit entendre qu'il convenait de l'éloigner. Il ne souriait jamais à cette enfant, et ne la caressait jamais.

730. Je ne sais si vous avez vu notre malade ; elle est extrêmement faible, et en-

tièrement incapable d'agir ; cependant elle s'est levée ce soir, pour qu'on fît son lit.

731. L'inoculation est regardée aujourd'hui comme une pratique fort salutaire ; mais que de soins n'ont pas pris, que de peines ne se sont pas données de vrais amis de l'humanité, pour faire connaître ce préservatif d'une des plus meurtrières maladies !

732. J'ai toujours pensé que l'homme qui se marie, et qui élève une nombreuse famille, rend plus de services à l'humanité, que celui qui, vivant garçon, fait les raisonnements les plus savants sur la population.

733. Nous nous levâmes avec le soleil, et dès que nous fûmes à table, Théophanie entra d'un air riant, nous apportant du lait et des fruits.

734. Voici les cent écus que vous m'avez dit devoir vous être remis par moi. Prenons cette table sur laquelle deux personnes peuvent jouer, et voyons qui de nous deux gagnera ces cent écus qui vous appartiennent.

735. Combien j'aime Socrate ! Combien je fais de cas de ce Philosophe aimable, dont la sagesse était, si je ne me trompe, bien supérieure à celle de Pythagore, et à celle de Zénon !

736. Quelques informations, quelques recherches qu'on pût faire, toujours elles furent infructueuses, et donnèrent infiniment de la peine. On passa plus de six mois à faire ces perquisitions qui n'eurent aucun résultat favorable.

737. Sexe aimable, empêche nous d'être cruels, bannis le Démon des combats, peins

nous les douceurs d'une paix durable; un aussi grand bienfait manque à l'Humanité, ce n'est qu'à toi qu'on peut le devoir : oui, les femmes doivent remporter un triomphe aussi mémorable.

738. Il fallait être chez lui au travail, dès le point du jour. Si ma Victorine avait voulu m'en croire, nous en serions bientôt sortis.

739. Les Espagnols sont peut-être le Peuple de l'Europe le moins connu; et certainement cette Nation est un des Peuples qui méritent le plus de l'être.

740. Un Historien s'exprime en ces termes sur le compte de Périclès : Tantôt on voyait sortir de la bouche de ce grand homme des traits vifs et perçants qui pénétraient les cœurs, tantôt des vérités dures et piquantes proposées par lui paraissaient plus aimables que les basses flatteries des orateurs populaires.

741. Le Ciel ou Cœlus, qui était regardé comme le plus ancien des Dieux, fut détrôné par un de ses fils.

742. Une belle action est celle qui a de la bonté, et qui, pour être faite, demande véritablement de la force.

743. Joseph connaissant le repentir de ses frères, et touché de ce sentiment, était près de verser des larmes et de se faire reconnaître ; mais il crut devoir dissimuler encore.

744. J'ai toujours vu que, pour réussir dans le monde, il faut avoir l'air fou et être sage.

745. Fatigués de la chasse et séparés de

leurs amis qu'un épais brouillard avait dérobés à leurs yeux, Connal et la fille de Comlo vinrent se reposer dans la grotte de Ronan. C'était là ordinairement que Connal se retirait ; les armes de son père y étaient suspendues, leurs boucliers y brillaient près de leurs casques d'acier.

746. Un Philosophe très estimé a dit dans un de ses ouvrages : Mes fermiers avaient plus d'intérêt à me tromper, que je n'en avais moi-même à n'être pas leur dupe.

747. On ne peut pas douter que le costume romain n'imposât bien plus à la multitude étonnée, que les costumes des peuples modernes ne lui imposent.

748. Cette retraite des femmes, cette modestie, et cette assiduité dans l'intérieur de leur ménage, devaient former entre elles et leurs maris le lien d'une société bien douce, que les comparaisons ne devaient jamais empoisonner. Ni le mari ni la femme n'avaient alors la ressource de ces cercles où chacun va oublier sa maison et se distraire de soi-même.

749. Quelle est l'inconvenance que n'admette pas la scène, même en France où elle est le plus châtiée ? Le spectateur y souffre des choses qui outragent non seulement la raison, mais encore la Nature et l'Humanité.

750. Près de la ville d'Epidaure, est un bois consacré à la chaste Diane ; elle y est représentée en chasseresse.

751. Tu m'as bien dit que tu as deux sœurs, mais je ne les ai encore ni vues ni rencontrées. Il est, m'a-t-on dit, bien difficile de vivre avec Hortense, l'une d'elle.

752. Voulant faire de mon fils un bon sujet, je vous ai confié son éducation, et vous ai prié de l'instruire.

753. La guerre de plume a aussi son droit des gens; tout le monde sait qu'elle n'est pas près de finir.

754. Il faut embrasser d'un coup d'œil tous les abus qui se sont glissés dans notre nouveau système politique, et faire un rapport général sur tous ces mêmes abus.

755. Je crois que la méthode dont je vous ai parlé, et que j'ai indiquée à tous mes amis, aurait de très grands avantages et n'aurait aucun inconvénient.

756. Les Aéronautes portés dans la perpendiculaire de ce bâtis, y projetteront un boulet d'une composition particulière, qui, sans feu et sans mèche, s'allumera en arrivant.

757. L'Administration du théâtre parut regretter que le troisième acte de cet ouvrage dramatique ne fût pas susceptible de spectacle comme le sont les deux premiers actes.

758. Si tu parviens une fois à lui faire recevoir un billet, tu peux la regarder comme t'appartenant, quelque défavorable que soit sa première réponse.

759. C'est un principe consacré à Cythère, que toute fille qui répond à un billet, fût-ce même pour défendre qu'on ose jamais lui récrire, est plus qu'à moitié vaincue.

760. On ne cultive dans ce pays, que de beaux palmiers qui ont l'air un peu tristes, et trois ou quatre légumes auxquels on fait trop d'honneur en les qualifiant de choux, d'oseilles et de persil.

761. Si vous ne me faites pas justice, lorsque j'ai lieu de me plaindre, je serai bien contraint à me faire justice moi-même, bien que les lois semblent s'y opposer.

762. Quand pourrons-nous jamais sentir tout le prix d'une doctrine aussi salutaire que celle qu'on nous a enseignée ?

763. On y voit une tour séparée de toute habitation par divers plants d'arbres et par plusieurs jardins en terrasses, sur lesquels il faut gravir, pour arriver à cette tour.

764. Il confessa son étourderie grave, et sa paresse à écrire au milieu des camps ; alors on lui pardonna de bon cœur.

765. Mentor lui fit observer que les lois mêmes, quoique renouvelées, seraient inutiles, si l'exemple du Roi ne leur donnait une autorité qui ne pût venir d'ailleurs.

766. C'est ainsi que Venise ou la Russie disposerait aujourd'hui du passage de l'Inde et de tout le commerce du nouveau royaume d'Egypte.

767. La terre des héros doit être celle des orphelins ; ils ont des droits à notre protection, et nous aurions grand tort de ne pas les exercer dans toute leur plénitude pour l'avantage de ces infortunés.

768. Posidonius s'entretenant avec Pompée, lui disait qu'il n'y a de bien que ce qui est honnête, et qu'on ne peut pas appeler mal ce qui n'est pas honteux.

769. J'aime mieux, dit un jour Curius à des Ambassadeurs qui lui offraient de l'argent pour en obtenir la paix, j'aime mieux vaincre ceux qui possèdent de l'or, que d'en posséder moi même. J'aime mieux vivre tran-

quille chez moi, que perdre mon temps au milieu des plaisirs et des festins.

770. Caton servit en qualité de Tribun militaire, sous le Consul Acilius, contre un des plus redoutables ennemis de Rome.

771. A quelque heure de la nuit que vous reveniez, j'exige, mon fils, et j'ordonne que vous entriez chez moi. J'ai besoin de vous entretenir un moment.

772. Le Cardinal du Perron mettait Quinte-Curce bien au dessus de tous les historiens, et préférait, dit-on, une page de cet auteur à trente pages de Tacite.

773. Pompée avait beaucoup de soin de ses cheveux; il portait toujours une robe de pourpre, et, comme il était d'une stature avantageuse, il imposait par son extérieur plein de noblesse.

774. Un esclave remet la lettre à sa maîtresse; celle-ci l'ouvre palpitant de frayeur, et lit ces mots : Je n'existe plus, la vie m'était odieuse, je l'ai quittée.

775. Nous vîmes une grande statue; un peu plus loin était le temple des Parques, près duquel on voyait le tombeau d'Oreste.

776. Wiéland avait plus de soixante-quinze ans, lorsqu'il mourut; ses compatriotes le nommaient le *Voltaire* de l'Allemagne. Nous avons dit qu'il s'est exercé dans tous les genres; en effet, on a de lui des poèmes épiques, des poèmes didactiques, des tragédies, des romans, etc.

777. Cette liqueur est destinée pour être servie après le dîner; celle qu'on a apportée ce matin ne peut convenir à des personnes

qui ont le palais délicat. Donnez aussi un pot des confitures que j'ai faites.

778. J'étais depuis long-temps en querelle avec un de mes frères, mais jai terminé ce différend à la grande satisfaction de l'un et de l'autre.

779. En rendant compte de son ouvrage, nous avions dit qu'il est beaucoup plus en état de juger nos critiques, que nous ne le sommes de prononcer sur son travail.

780. Le peuple crut devoir et voulut renverser de fond-en-comble la maison d'où il s'était sauvé, pour qu'il n'en restât aucun vestige.

781. Xénophon a dit : Vous frapperez la laie, en prenant garde toutefois qu'elle ne vous renverse en vous heurtant.

782. Les anciens Philosophes, même au milieu des ténèbres de l'idolatrie, enseignaient à leurs disciples, que la Providence veille sans cesse non seulement sur tous les hommes, mais encore sur chacun d'eux en particulier.

783. Un Publiciste a dit : La France et l'Angleterre ont toujours rivalisé l'une avec l'autre ; mais le gouvernement de l'une est plus sage et plus débonnaire que celui de l'autre.

784. Les Philosophes grecs, dit-on, ne savent pas disserter, discuter, analyser avec autant d'art que les nôtres ; c'est ce en quoi l'on se trompe.

785. Le Poëte moderne débute dans le premier chant, sans exposition et sans invocation ; et, en cela, il s'écarte de la coutume que les anciens Poëtes paraissent avoir

adoptée, et à laquelle on s'est conformé jusqu'à aujourd'hui.

786. C'est le devoir des jeunes-gens les
plus instruits, et des plus ignorants d'étudier
toujours pour apprendre quelque chose de
nouveau.

787. Comme je partais pour la Bourgogne,
votre frère me demanda si je n'avais rien
dont je voulusse le charger pour vous : je
lui ai répondu que je venais de vous écrire.

788. J'ai été fort touché des pertes qu'il
a faites depuis deux ans ; mais la perte qu'il
vient de faire, m'afflige d'autant plus, que
je ne serais pas du tout surpris qu'elle le
ruinât.

789. Tu viens de les vaincre par un crime
inouï ; pour moi, je prétends les vaincre en
Romain, et les assujettir de la même manière
que j'ai assujetti les Véiens, par mes travaux
et par la supériorité de mes armes.

790. Il ne donnait à sa mère aucune part
au Gouvernement ; mais il remplissait à son
égard tous les devoirs d'un bon fils.

791. Celui qui est né malheureux, non
seulement passe une triste vie, mais encore
est persécuté, après sa mort, par la rigueur
du Destin.

792. Mes titres sont plus que suffisants
pour me faire espérer que vous voudrez
bien avoir égard à la prière que je vous ai
faite.

793. Aristide était aussi courageux qu'il
était juste ; personne n'ignore en effet qu'il
se signala dans une affaire assez malheureuse,
pour qu'il y échouât.

794. Il voit ses yeux languissants près de

se fermer, sa tête penchée sur son cou, et
la pâleur de la mort, qui rend sa beauté
encore plus touchante.

795. La vie d'un homme, et non pas ses
ouvrages, doit faire son éloge ou sa satyre.
Tels sont l'avis et la profession de foi d'un
Écrivain distingué.

796. L'Auteur de cet ouvrage, dont je vais
faire connaître les défauts, avait déjà informé
le Public qu'il travaille, dans ce moment,
à un poème considérable.

797. Pâris espérait que la Nymphe Énone
se souvenant de la tendresse qui les avait liés
l'un et l'autre, emploierait, pour le sauver,
les profondes connaissances qu'elle avait dans
l'art de guérir ; mais Énone indignée de ce
que Pâris l'avait abandonnée, ne voulut lui
corder aucun secours.

798. Le plus grand ouvrage de Varron
était celui des Antiquités Romaines. C'est
de ce bel ouvrage, que Cicéron parle en s'a-
dressant à Varron lui-même.

799. L'homme, il faut en convenir, est
un animal bien étrange ; il veut tantôt une
chose, tantôt une autre. Ce qui lui a plu
aujourd'hui, tend demain à le contrarier et
à le désobliger.

800. On nous a demandé dernièrement si
l'on doit dire au féminin apprentie ou ap-
prentisse. Nous avons renvoyé à notre Grammaire pour la solution de cette question qu'on
n'aurait pas dû faire.

801. On ne lira plus, on verra soi-même
ces grandes scènes, on en sera témoin, et,
quand le charme disparaîtra, on trouvera

encore du plaisir à errer autour des tombeaux d'Achille et de Patrocle.

802. Cet honnête homme n'a pas marié la dernière de ses filles aussi bien qu'il a marié les précédentes, quoiqu'elle l'emportât sur ses sœurs.

803. On disait d'un gentil-homme qui éclatait de rire à tout propos : Il rit toujours de toutes ses forces, mais il ne rit jamais de tout son cœur.

804. Engagez votre parent à se hâter de venir, car ce seront les premiers venus, nous a-t-on dit, qui seront le mieux et le plutôt servis.

805. Cet infâme parricide, qu'on a puni de mort, est né dans cette ville, dont les environs ont encore donné le jour à un autre scélérat coupable de parricide, crime infiniment rare, mais qui ne devrait jamais exister.

806. Il a été arrêté qu'il y aura ce soir une assemblée chez M. le Président ; c'est pourquoi je vous invite à vous y trouver.

807. Le Rédacteur de cet article est loin de vouloir accuser qui que ce soit. Après avoir loué le but moral de l'Auteur, et plusieurs parties de son ouvrage, il a jugé que deux points méritaient quelques observations.

808. Je suis arrivé à Bordeaux ; je profiterai des bons avis que vous me donnâtes quand je partis, et qui me seront fort utiles dans une cité aussi populeuse.

809. Croyez, Monsieur, que je suis pénétré de reconnaissance pour les services que vous avez rendus à ma malheureuse famille ;

5

sans vous, elle se voyait près de périr de faim.

810. Il semble que la Nature ait tout fait pour cet Ecrivain; et l'on croit généralement qu'il est aussi impossible qu'avec autant de talent il fasse un mauvais ouvrage, qu'il l'est que Racine soit jamais oublié et méconnu en France.

811. Placez sur cette table les livres que vous croyez vous être nécessaires, vous les retrouverez ici. Nous allons nous promener autour du bois, sur cette platte-forme qui est hors de la ville, et où nous sommes attendus.

812. Si j'ose appeler votre attention sur la liberté du théâtre, ne croyez pas que je me propose d'occuper d'objets purement littéraires des moments que réclameraient avec raison des intérêts d'une toute autre importance.

813. Ils consacrèrent les revenus publics, non pas comme autrefois, à équiper des flottes et des armées, mais à donner des jeux et des spectacles.

814. Un bon père songe autant à enrichir ses enfants, qu'à s'enrichir lui-même. Ce sentiment n'est-il pas dans la nature et conforme à ses lois?

815. Les égards et la politesse dont on est convenu exigent que nous fassions la plus grande attention à ce qu'on nous dit.

816. Ces six francs me font plus de plaisir aujourd'hui, que cent pistoles ne m'en feraient dans un autre temps.

817. Notre Docteur provoque des réglements contre les modes. Il est vrai que ce ne sont pas celles d'aujourd'hui qu'il attaque,

mais il blâme les corps busqués et les talons hauts, qu'on ne porte plus.

818. Je n'ai pu aller vous trouver, parcequ'il fallait nécessairement que je me rendisse au Ministère des Relations extérieures où l'on m'attendait. Voilà la manière de parler de bien des gens.

819. Cet Écrivain n'a pas la prétention ridicule d'élever les ouvrages de Voltaire au dessus de ceux de Racine ; mais il dit que, si Zaïre ou Mérope offrait de semblables négligences, on ne manquerait pas de décrier l'Auteur de la Henriade.

820. Mon neveu, qui est aujourd'hui d'une taille assez dégagée, a jeûné souvent, et on l'a fréquemment fouetté dans son enfance, pour arrêter sa disposition à l'obésité.

821. De jeunes élèves assistaient debout comme simples spectateurs. Ils viennent ici, me dit quelqu'un, prendre des leçons de plaisanterie et de sagesse. En même temps, j'aperçus un d'eux, qui dérobait subtilement des fruits, qu'il cachait dans son sein.

822. Je la suis des yeux, je fais des vœux ardents pour elle ; ces vœux sont exaucés. Aussi légère qu'Atalante, elle ne laisse sur le sable aucune empreinte de ses pieds.

823. J'aime les ouvrages qui procurent aux lecteurs quelques moments de satisfaction ; mais je leur préfère infiniment ceux qui sont destinés à donner une bonne éducation.

824. L'année s'écoulait dans des amusements moraux ou champêtres ; nous la passions à rendre des visites à nos voisins riches et à soulager ceux qui étaient pauvres.

825. L'Institut de France se propose de

rendre aux mots leur signification primitive,
quelle que soit celle qu'ils aient reçue de
l'usage.

826. Il importe au Prince qui gouverne de
rallumer le flambeau des sciences que nous
avons vu cent fois près de s'éteindre. Le Chef
habile qui dirige l'Instruction publique avait
connu avant nous la lacune qu'elle éprouve.

827. Quelques pages bien écrites dans cet
ouvrage annoncent assez, dit-on, que le reste
aurait pu être mieux écrit. Vous auriez désiré, mon ami, que je lusse cet ouvrage en
entier, mais j'étais occupé de choses trop
utiles, pour sacrifier mon temps à cette lecture.

828. La fille de Mélite voit Lusus, et
s'abandonne à lui, en se déguisant le motif
d'une aussi grande confiance.

829. Hélas ! mes forces m'abandonnent,
je tombe mourante près d'une haie, j'entends
tout-à-coup des pas d'hommes, je me pré-
cipite derrière la haie. Ces hommes disaient,
en parlant de moi : Où s'est-elle donc en-
fuie ? elle a fait bien du chemin en très peu
de temps.

830. Nous serions bien fâchés qu'on pût
nous reprocher d'avoir secondé les projets de
l'Auteur, de quelque nature qu'ils soient.

831. Ce père veut élever son fils loin des
hommes, sans prévoir que, comme il sera
forcé à rentrer bientôt dans la Société, toutes
ses vertus sauvages deviendront pour lui une
source d'erreurs et d'infortunes.

832. Ces femmes vivent en clôture, mais
elles ne restent jamais enfermées, que par
une sainte obéissance.

833. Retournez vers le Roi, ô Hégésippe ! aidez-le, je vous prie, à supporter les misères de la grandeur. Il semble que les rois soient nés pour être malheureux.

834. Une des choses que je comprends le moins, c'est la permission qu'on se donne de censurer dans les autres les mêmes défauts que ceux où l'on tombe soi-même.

835. Junon et Vénus se haïssaient l'une l'autre depuis le jour où la première vit avec indignation que la seconde lui avait été préférée par le beau Pâris.

836. Songez, mon fils, au plus tendre des pères ; son bonheur ou son malheur dépend de votre attachement à la vertu et de votre estime pour elle.

837. Le contrat de mariage portait que la mère demeurerait avec son gendre, au cas qu'elle survécût à sa fille.

838. De nombreux ruisseaux de sang coulent autour de lui ; des cadavres entassés lui font un rempart. De quelque côté qu'il tourne ses pas, il porte la terreur dans ses yeux, et la mort dans sa main.

839. Après un combat très vif, qui dura sept heures et demie, les ennemis furent culbutés ; la demi-brigade gravissant sur une montagne fort rude, les jeta dans la ville, où ils furent suivis et cernés. Mais, disent certaines gens qui doutent de tout, que prouve cette circonstance toute extraordinaire qu'elle paraît ?

840. Gilbert, dit La Harpe, avait annoncé contre l'Académie une satyre qui était tout près de paraître, si l'Académie ne lui donnait pas le prix.

841. Ce Conseil s'assemble une fois par mois ; il préside à toutes les discussions publiques des Elèves, et il les détermine.

842. J'étais la seule femme qui n'eût pas oublié son malheur ; aussi n'ai-je point hésité à lui prêter assistance, sans qu'elle le réclamât de moi.

843. Le vertueux Epaminondas répondit à Archidame, qu'il ne trafiquait pas de la liberté avec le désir de la gloire, et qu'il recherchait le commandement, non pas pour lui, mais pour sa Patrie qu'il voulait servir.

844. Un Ecrivain moderne a dit : J'aime mieux m'attacher à montrer les beautés d'un livre, que compter curieusement les défauts qu'il renferme. Cependant l'une et l'autre méthode sont utiles.

845. Faisons à l'Auteur de cet ouvrage un reproche non moins grave que les reproches qui lui ont été déjà adressés : c'est de n'avoir pas fait parler ses personnages, comme il devait les faire parler.

846. Anaxarète était une princesse dont un certain Iphis devint passionnément amoureux. Voyant qu'elle n'avait que du mépris pour lui, il se pendit à sa porte.

847. Cet attentat, qui n'avait pas eu lieu depuis long-temps, est dangereux surtout en ce qu'il peut faire renaître des prétextes d'émeutes de la plus grande importance.

848. On peut me siffler à son aise, je m'endormirai tranquillement au bruit des sifflets, sachant le cas qu'il faut en faire. Que M. D*** suive mon exemple. Etant hors de la France, qu'a-t-il à craindre ? Il faudrait que le bruit des sifflets se fît entendre

au loin, pour qu'il traversât les mers, et qu'il allât de Paris jusqu'à Londres le troubler dans son repos.

849. Vantera qui voudra la sobriété des Sages du temps; pour moi, je n'y vois qu'un rafinement d'intempérance, aussi indigne de mes éloges, que leur artificieuse simplicité.

850. Permettez moi de vous faire quelques remarques sur l'analyse que vous avez donnée de mon ouvrage, et de vous faire observer qu'elle m'a paru dictée par un esprit de partialité ridicule.

851. Si l'on connaissait le motif qui force souvent les Auteurs à écrire, on porterait sur eux des jugements un peu plus équitables.

852. Penser avec liberté, sentir avec délicatesse, agir avec courage, c'est le partage de l'homme vraîment digne de ce nom.

853. Duquel des deux vous plaignez-vous, de mon fils ou de ma fille? Lequel des deux vous a fait un outrage? Si je le savais, je vous épargnerais la peine de me le dire.

854. Vous avez décidé qu'un de nous deux partira pour Marseille. Veuillez bien dire maintenant lequel de nous deux ira dans cette ville.

855. J'espère, mon ami, de vous prouver qu'il est évidemment faux que Solon ou Valérius Publicola soit le premier qui ait introduit l'usage de l'oraison funèbre.

856. Quelque emploi que vous donniez à cet homme, il le remplira fort mal, parcequ'il est peu propre aux fonctions soit civiles, soit militaires.

857. Les détails et le style de cette pièce,

que le Public a traitée néanmoins avec trop
de sévérité, n'ont pas échappé aux vrais con-
naisseurs.

858. Un des plus beaux présents que nous
ait faits l'Auteur de la Nature, c'est le plaisir
attaché à nos jugements intérieurs, plaisir
aussi vif, quand on découvre les causes des
effets, que quand on jouit des effets mêmes.

859. Maupin, dont nous donnons ici l'é-
dition des œuvres complètes, a sacrifié toute
sa fortune à de nombreuses expériences qui,
presque toutes, lui ont réussi.

860. Comme nous avons été élevés ensemble
au Collège d'Harcourt où nous avons fait
nos premières armes, personne n'a été plus
à portée que moi, d'observer, dès votre jeune
âge, ces traits de caractère qui annonçaient
ce que vous deviez être un jour.

861. Le soldat ne fut pas réprimé par autorité, mais il s'arrêta par satiété et par honte.
Voilà ce qu'on trouve dans un Historien
moderne, que j'aurais voulu voir écrire un
peu plus correctement.

862. Il n'y a que vous et moi, mon ami,
qui ayons fait des ouvrages dans la seule
vue d'applanir les difficultés de cette science,
qui, quelque aisée qu'elle soit, a néanmoins
embarrassé tous ceux qui s'y sont livrés.

863. Le danseur ne donne pas la main
aux deux personnes qui sont les plus près de
lui. Il ne prend pas garde que celui qui
pince le luth n'est placé là, que pour régler
les pas du danseur.

864. Mademoiselle Clairon est la Tragé-
dienne qui a connu le mieux son art ; et

... qui la première a prouvé que cette profession doit être honorée.

865. Sous les pieds de Jupiter, ouvrage de Phidias, on voit des lions dorés et le combat de Thésée contre les Amazones. On est saisi, ému lorsqu'on regarde ce Jupiter, l'une des sept merveilles du monde.

866. Comme j'étais frappé d'admiration et pénétré d'un saint respect pour Corneille, ce sentiment me rendait cher tout ce qui pouvait lui appartenir.

867. Henriette Clairon, dont on s'est entretenu jusqu'à ce jour, s'engagea dans la troupe de Rouen, elle plut au Public ; des Dames respectables, dont une s'est montrée quarante ans son amie, lui accordèrent l'entrée de leur maison. Sa mère l'avait suivie à Rouen.

868. Ces Courtisans, qui se sont rendus si méprisables, ne s'élevaient jamais ; ils rampaient toujours au pied du trône ; leur honteux abaissement n'est pas pardonnable.

869. Je vins à Athènes portant toute ma fortune avec moi, ne rêvant que vers, toujours huché sur le Parnasse. Je planais au dessus des richesses, je préférais un souris d'Apollon aux trésors de Plutus ; mais le besoin avertit ma philosophie que l'argent est bon à quelque chose, et qu'il faut arroser les fleurs de l'Hélicon de quelques filets d'eau du Pactole.

870. Combien l'Actrice dont vous m'avez souvent parlé était intéressante ! Nous l'avons vue jouer, dans la seconde pièce, un rôle brillant qu'elle a long-temps médité.

871. Des secours de toute espèce sont bien-

* 5

tôt offerts ; on les accepte, et la confiance la plus grande en devient la récompense.

872. Un vieux Bourguemestre endormi n'avait pas donné son suffrage ; on le réveille, il demande de sang froid ce sur quoi l'on a délibéré.

873. On avait beau servir à Damoclès les plus exquis et meilleurs vins de la Grèce, il ne voyait que la fatale épée suspendue sur sa tête et toujours près de le frapper.

874. Il faut qu'un homme soit doué d'une vigueur infatigable, pour pouvoir supporter les désagréments sans nombre des routes, des saisons, des auberges, et pour pouvoir s'en amuser même.

875. Les Italiens courent les rues en pinçant la guitare ; les Espagnols font aussi la même chose, mais ils la pincent très mal.

876. J'ai si souvent sollicité en vain, que je ne demande plus rien d'heureux, et que je ne m'attends plus à aucune sorte de bonheur.

877. Nous arrivâmes hier à ce théâtre qui est fort éloigné de notre demeure, lorsque la première pièce était près de finir.

878. On dit que Minos fut établi le souverain Juge des Enfers ; cette dignité fut le prix de sa justice et de sa piété envers les Dieux.

879. Témoignez mon entière reconnaissance à votre ami dont je ne pourrai jamais oublier les services.

880. Nous ferons en sorte, ma femme et moi, d'aller vous rendre visite tandis que vous êtes encore à la campagne.

881. Ces hommes, dont le babil vous paraît insupportable, parlent sans cesse comme

vous, mais peut-être ne parlent-ils pas plus ridiculement.

882. Quoique nous soyons loin de cette époque affreuse, nous n'avons pas oublié ces scènes d'horreur dont nous fûmes les déplorables témoins, et que vous vous rappelez fort bien vous-même.

883. Vos connaissances ne sont pas encore assez étendues, pour que vous puissiez lire Démosthène et Cicéron. Vous savez sans doute que celui-ci était Romain, et celui-là, Grec.

884. Quand Horace a dit : « C'est là que règne un printemps éternel », ç'a été, non pas de Naples, mais bien de la ville de Tarente, qu'il a voulu parler.

885. Quelques ouvrages du père Sanlecque, qui sont sortis malgré lui, étant passés en Hollande, y ont été imprimés, ou, pour mieux dire, défigurés.

886. Je ne suis qu'une femme, et par conséquent je n'ai pas un grand crédit. Je lui ai fait offrir néanmoins mon appui, et ma protection ; il les a refusés.

887. Plus sage alors, je songeai que la soif inextinguible de l'or, et l'application continuelle à l'acquérir, rétrécissent l'âme en même temps qu'elles éteignent les lumières.

888. Echevelée, toute hors d'haleine, je cours au travers des champs, je gravis sur les rochers et sur les collines.

889. Aujourd'hui, en Russie, un Prêtre met entre les doigts du mort un billet qui doit lui servir de passeport dans l'autre monde.

890. La pièce que nous avons lue, est

tout comme les pièces précédentes du même Auteur : je veux dire d'une exactitude compassée, et d'une froideur didactique. On n'y trouve nul élan de génie, nulle chaleur de l'âme, nul trait de force ni de lumière.

891. Il les fit venir, et leur demanda, à l'un après l'autre, comment l'affaire s'était passée ? Il reconnut que ni l'un ni l'autre n'avaient songé à un pareil délit.

892. Avant que d'agir dans cette circonstance, je désirerais savoir ce qu'on a répondu à la lettre qui nous a été adressée.

893. Le travail de cette marqueterie est semblable à celui qui se voit à Lyon. Le dessin n'en est pas moins barbare, et la fabrique en est aussi grossière.

894. Cette idée que je ne puis développer ici, faute de secours, sera développée dans un autre ouvrage que je prépare.

895. Un homme connu fut tué hier par un coup de stylet, sans que le meurtrier ait été découvert et puni.

896. Quelques peines que Madame B*** ait prises pour recouvrer ce qu'elle a malheureusement perdu, elle n'a pu y parvenir jusqu'à aujourd'hui ; cependant sa mauvaise fortune ne lui fera pas lâcher prise.

897. Les ci-devant Collégiales et Cathédrales étaient des pépinières d'élèves en musique. Depuis la suppression de ces Etablissements, il ne se forme pas d'élèves en France, ou il s'en forme très peu.

898. Les Romains montrèrent un tel désintéressement, qu'aucun homme, qu'aucune femme ne voulut ouvrir sa porte pour recevoir les présents de Pyrrhus.

899. Elle ne savait lequel des deux j'étais, ou un Génie ou un Dieu ; je lui assurai que je n'étais qu'un simple mortel destiné à passer les bornes de la vie humaine.

900. Près du temple dont je vous ai parlé, est une fontaine dont l'eau ne sert ni aux sacrifices ni aux lustrations ; on défend même qu'on s'y lave les mains.

901. Ne sait-on pas qu'il y a des hommes qui ont le besoin de s'élever au dessus des autres et de les dominer, à quelque prix que ce puisse être ?

902. Le sujet de la onzième et de la douzième lettre est plus important. Voltaire y est introduit comparant la langue française et l'italienne.

903. On peut assurer que le chien et le lièvre sont des animaux doués d'une grande agilité ; mais je crois que le second court avec une vîtesse supérieure à celle du premier.

904. N'est-il pas difficile, pour ne pas dire impossible, qu'une société aussi nombreuse ait la faculté d'administrer un Etablissement de cette nature, et d'entrer dans tous les détails qu'il paraît exiger ?

905. Je ne sais pas pourquoi cet homme n'a pu trouver grâce devant ses juges, quoiqu'il le mérite bien en considération d'une vie qui a toujours été exempte de reproche.

906. Si nous recueillons en un volume toutes ces pièces diverses, c'est parceque nous concevons que l'homme vit trop peu de temps, pour pouvoir lire tous les Auteurs.

907. L'ignorance, dit un adage Chinois, est la nuit de l'esprit ; mais on peut ajouter que c'est une nuit sans lune et sans étoile.

908. Cet ouvrage peut être considéré comme le dénombrement constaté par l'Histoire, de tous les malheurs dont le fanatisme ou la folie a été le principe. On ne pouvait mieux le terminer, qu'en y traçant, d'une manière aussi vigoureuse que rapide, des événements où l'on ne sait lequel a dominé le plus, le ridicule ou l'atrocité.

909. Nous avons lu dans ce journal, que l'Angleterre obtint enfin une portion du commerce de l'Inde, beaucoup plus étendue que celle qui avait été obtenue jusqu'alors par aucun autre peuple.

910. Que la loi soit bonne ou mauvaise, on doit lui obéir, pour ne pas tomber dans le pire des états : l'anarchie.

911. Chez eux, le baiser sur la joue avait lieu entre les personnes dont l'une avait un rang au dessus de celui l'autre. Ce peuple vit aussi long-temps que les autres nations, et la plûpart de ceux qui le composent n'ont aucune infirmité.

912. Votre parfait accord à assurer le maintien de la chose publique, vient de me démontrer que vous êtes dignes de représenter la Nation française ; je vous demande donc une loi sur les moyens de réprimer les délits nombreux de la presse, délits dont je suis effrayé.

913. Philippe, roi de Macédoine, non seulement ne s'emporta pas contre cette femme qui lui avait répondu avec une fierté ridicule, mais encore lui fit présent d'une grosse somme d'argent, pour soulager sa misère.

914. Tous les Français résidant actuel-

lement dans ces contrées éloignées, quelles qu'aient été leurs actions, quelles que soient leurs opinions, sont nécessairement attachés aux intérêts de la France, et les servent fidèlement.

915. Les pasteurs de la campagne avaient l'utile coutume de se régaler les uns les autres, afin, disaient-ils, d'agiter entre eux quelques points de théologie, et de conserver le ton de la bonne compagnie.

916. Il semble qu'une administration bien entendue doive faire en sorte que les Départements du Nord ne consomment pas assez de grains, pour qu'il soit impossible d'en fournir aux Départements du Midi.

917. Caton écrivit au Sénat, qu'il avait soumis plus de places dans l'Espagne, qu'il avait employé de jours à la parcourir.

918. Il intenta des accusations aux deux Scipions, qu'on avait surnommés, l'un l'Africain, l'autre l'Asiatique, parcequ'ils avaient remporté des victoires, celui-ci en Asie, celui-là en Afrique.

919. Je n'aurais jamais cru que les vagues d'un lac pussent, en un moment, s'élever avec autant de force.

920. Nous nous rappelons avoir vu un vol de cette nature se commettre en pleine ville et à une heure qu'on ne pouvait pas regarder comme indue.

921. Les Romains s'attendaient à triompher bientôt des Parthes, comme Lucullus et Pompée avaient triomphé des autres Peuples de l'Asie.

922. Les ravages des Normands, des Anglais, ceux des grands et des petits vassaux

avaient fait désirer au Peuple l'augmentation du pouvoir des Rois ; par ce changement, il espérait quelque adoucissement aux cruelles vexations qu'on endurait.

923. Halicarnasse, Prienne, Paphos et le mont Eryx sont les plus beaux épisodes du voyage d'Anacharsis. L'Auteur les avait, dit-on, supprimés ; un de ses amis, possesseur de ses manuscrits, les a publiés séparément.

924. L'infortuné, debout sur les bords de l'abyme où il est près de descendre, invoque le trépas, et défend qu'on lui conserve des jours qu'il regarde comme inutiles.

925. Les hommes qui emploient ce remède comme il doit être employé, ont toujours eu lieu de s'applaudir d'en avoir fait usage.

926. Cette Actrice a généralement bien dit, mais on a remarqué que ses gestes étaient trop multipliés et n'étaient pas assez soutenus.

927. On se rappèle encore la victoire éclatante qu'il remporta, et la modération non moins mémorable qu'il montra dans une journée aussi périlleuse.

928. Nous ferons publiquement l'éloge de ceux de nos Elèves qui, dans quelque genre que ce puisse être, auront obtenu des suffrages mérités.

929. Nous avons reçu la lettre que vous nous avez adressée ce matin, et nous y répondons tout de suite.

930. On vit tout-à-coup paraître un philosophe du premier ordre, qui, par ses talents naturels, et plus encore par l'immensité de ses connaissances, fit époque en Alle-

magne ; c'est de Monsieur Wolf, que je veux parler.

931. N'est-ce pas la Peinture qui, prenant un corps, parle au peuple dans ces superbes tapisseries étendues, aux jours de fêtes, autour du champ de Mars ?

932. L'Architecture est répréhensible d'être entrée dans la conspiration contre l'Agriculture, d'avoir créé des parcs fastueux, de s'être prêtée au bouleversement de nos jardins productifs.

933. La nuit enveloppe de ses ombres ces deux êtres intéressants ; la Religion commande, et bientôt ils lui obéissent.

934. Je ne suis pas étonné que tant de gens prennent beaucoup de plaisir aux pièces de Molière ; la Comédie est destinée à faire rire.

935. Le gouvernement, ou plutôt l'oppression, est le même en Syrie qu'en Egypte; avec cette différence que ce sont cinq Pachas, au lieu de vingt-quatre Becks, qui exercent le pouvoir arbitraire.

936. Thomas Howel fit plus en 1787 ; il revint de Madras à Constantinople par une route en partie inconnue, plus facile, et surtout beaucoup plus courte que toutes les routes pratiquées avant lui.

937. Tel est l'aperçu rapide des événements qui ont eu lieu dans ces deux Etats; nous les avons retracés sans oublier aucun règne.

938. Croyez-vous que toutes les règles de la poésie ne puissent pas être parfaitement connues de ceux qui n'ont jamais fait de vers, ou qui en ont fait du moins quelques-uns ?

939. Dans ce petit ouvrage, l'Auteur emploie son savoir à citer tout ce que l'Antiquité nous présente, comme pouvant éclaircir la matière intéressante, ou avoir quelque affinité avec elle.

940. Les générations nouvelles ressemblent aux pluies du Ciel, qui, en tombant, rafraîchissent les eaux des fleuves, ralenties dans leurs cours, et près de se corrompre.

941. Je ferai choix de votre oncle, dont les talents me sont connus, pour qu'il remplisse cette place aujourd'hui vacante.

942. La fontaine de Pyrène est de marbre blanc; on a placé tout près un Apollon environné d'un mur à hauteur d'appui, où l'on a peint le combat d'Ulysse contre les amants de Pénélope.

943. Il suivrait de cette fausse assertion, que celui qui serait né poète pourrait se dispenser d'étude et de culture : ce qu'il n'est pas facile de prouver.

944. Pour ramener en Syrie de meilleures institutions, il faudrait y appeler un assez grand nombre d'habitants plus civilisés; mais quelle que soit la Nation Européane qui recueille la gloire de cette belle entreprise, aucune sans doute n'imitera l'Espagne, en épuisant sa population pour des Colonies.

945. J'adopte bien volontiers tout moyen honnête, c'est pourquoi j'ai dû rejeter les moyens qui me furent proposés hier.

946. L'espoir de la gloire est un des plus puissants stimulants que nous ayons pour faire de bonnes œuvres.

947. M. le Curé compte encore sur la pieuse générosité des fidèles pour la restauration de

son orgue ; et l'on sait qu'il n'y a pas à Paris de plus belles orgues que les siennes.

948. L'intention où nous sommes de ne jamais tromper, nous expose à être souvent dupes.

949. Je me rappèle avoir souvent entendu votre père me dire : Ne fais pas aux autres ce que tu ne veux pas qu'ils te fassent.

950. Ce fleuve coule majestueusement à travers un bosquet de myrtes ; les vallées qu'il parcourt, sont semées de platanes.

951. Ce fut là que je mis la dernière main à mon grand ouvrage, et que je le publiai. J'allai ensuite demander un Censeur à la Chancellerie, mais une espèce de secrétaire de la Librairie voulut m'obliger à laisser mon manuscrit.

952. Posant la main sur sa poitrine, il dit ces mots : Ce corps te servira de bouclier ; et cette hache exterminera ou mettra en fuite quiconque sera ton ennemi.

953. Tous les Mémoires de leur vie, qu'ont publiés jusqu'à aujourd'hui divers hommes de lettres, en quelque genre qu'ils se soient exercés, peuvent être considérés comme des ouvrages de littérature.

954. Pindare pousse son vaisseau sur la plaine liquide, il déploie toutes les voiles, affronte la tempête et les écueils ; les flots sont près de l'engloutir.

955. L'Auteur de cet ouvrage a accolé à chaque jour et à chaque Victoire la naissance ou la mort d'un homme dont la Patrie ou le monde vante la gloire.

956. Lorsqu'il fut rappelé à la vie, et qu'il eut recouvré ses forces, la vengeance fut le

seul espoir qui pût soutenir son courage et sa valeur abattus.

957. Je ne jugeai pas mon ami inflexible, et je lui demandai les secours qu'il m'avait promis pour me retirer du mauvais pas où je me trouvais.

958. Comme les banques particulières cessent leur paiement ou faillent (*et mieux* font faillite), je suis déterminé à garder en portefeuille les capitaux que j'ai amassés à la sueur de mon front.

959. L'Orateur demande qu'on fasse une adresse au Gouvernement pour avoir des renseignements sur cette matière, et sa demande est accueillie.

960. Caton avait un zèle trop ardent, pour ne pas marcher contre les ennemis de sa patrie. Il n'était pas d'humeur à laisser violer le droit des gens.

961. Je ne puis vous rien pardonner ; je suis le seul qui vous connaisse et qui vous chérisse assez, pour vous avertir de tous vos défauts.

962. Nous allâmes souper ; ce fut alors que je connus tout le prix de ma bonne fortune. Après le souper, on joua une comédie charmante ; Damis et moi y prêtâmes toute notre attention.

963. Elle devint pâle, comme si elle avait été près d'expirer, une sueur froide s'empara de tous ses membres ; on délibéra alors sur les moyens de la sauver.

964. On perd l'esprit des médailles, lorsqu'on explique par des paroles, ce qui doit être expliqué par des emblêmes.

965. De ce que l'on n'a pas encore trouvé

le remède vraiment efficace ; suit-il qu'on doive renoncer à le chercher ?

966. Ce Philosophe Epicurien mettait à profit le peu de vie qui lui restait. Il n'avait pas assez de fortune pour réunir chez lui tous les plaisirs, mais il avait assez d'amis, pour être entraîné par eux à ses déréglements.

967. O très illustre et très généreux Emir, l'Egypte a été témoin de vos merveilleux exploits, et elle les a publiés.

968. Pour fuir à chaque instant celle qui est parvenue à te plaire, as-tu donc reçu de la Nature un cœur de roche ?

969. Le Roi se rendit au sein du Parlement, quand il vit que les Ministres désespéraient des affaires ; il lui exposa l'état fâcheux des finances et sollicita un prompt remède aux maux qui allaient inonder le royaume.

970. J'ai le malheur d'être si sensible, que (le croiriez-vous ?) sans savoir si le chagrin d'Auguste est fondé, depuis que je lui vois l'air sombre, je suis sombre moi-même.

971. Elle conta avec grace une aventure dont elle était charmée qu'un grand nombre de personnes fussent instruites.

972. J'ai été choisi par l'Amour, tu l'as été par la Fortune. Lequel de nous deux te semble avoir les droits les mieux fondés à la possession de sa main ?

973. Cette pièce n'a pas du tout réussi ; on a trouvé que le style en est trop simple, et que l'intrigue ne l'est pas assez.

974. A quelque langue qu'on s'attache, quelque langue qu'on étudie, quelque livre

qu'on lise pour s'instruire, on entend tout ce qu'il contient, quand chaque mot porte avec soi son explication.

975. L'homme qui cultive les lettres et les sciences, n'est pas avide de richesses; il aime à jouir d'une sorte d'indépendance, à n'être commandé que par ses devoirs : et celui dont l'ame est élevée, obéit toujours à la voix du devoir.

976. Si la République de Venise, à laquelle il envoya offrir son alliance, et à qui il proposa de la rétablir dans son ancien commerce, était entrée dans ses vues, la Révolution était rapide et sûre.

977. L'Institut de France blâmant et voyant avec douleur l'oubli de la législation, et le désordre qui en résulte, a donné, en s'occupant des funérailles, un exemple qui peut être suivi par toutes les Associations.

978. Ce peu de mots me firent comprendre qu'il n'y a rien à espérer d'un homme naturellement dur et inexorable, et je me dis : Tel affecte de-la popularité, qui n'est souvent qu'un égoïste et un méchant.

979. Je ne puis faire aux malheureux tout le bien que je voudrais leur procurer, car j'ai trois enfants qu'il faut élever, et auxquels il faut donner de l'éducation : ce qui nécessite des frais considérables.

980. Alliez la finesse à la simplicité; par celle - ci, vous vous abstiendrez de duper : par celle-là, vous ne serez pas exposé à être dupe.

981. Je préviens le Public, au nom de mes confrères et en mon propre nom, que cet

ouvrage attendu depuis long-temps, sera mis incessamment en vente.

982. Qu'es-tu devenue, ma chère Galvina? En disant ces mots, il reconnaît son amante qu'il avait par mégarde percée d'une flèche homicide. Qu'ai-je fait, s'écrie-t-il! Est-ce toi, ô ma bien aimée? — Oui, c'est moi, répond Galvina, je t'aimais, je t'aime encore, mais tu ne peux m'être long-temps uni. Adieu, je me meurs, rappèle toi sans cesse ton amie; si elle fut heureuse avec toi sur la terre, qu'elle le soit encore dans l'Elysée, en songeant qu'elle vit toujours au fond de ton cœur.

983. Combien de fois n'ont-ils pas voulu rendre justice à des gens qui réclamaient contre des oppressions! Mais comment pouvaient-ils agir ainsi, lorsqu'ils étaient eux-mêmes les oppresseurs les plus barbares qu'on pût voir?

984. Tancrède arrive près de Godefroi, et lui dit: Je viens te confirmer ces merveilles que tu n'as pas voulu croire, quoique nous les ayons vues nous-mêmes.

985. Ce Guerrier n'ose pas lever les yeux, mais il court renfermer dans sa tente le chagrin et la honte dont il est accablé.

986. L'annuaire dont j'ai fait mention, donne la notice non seulement de tous les livres imprimés dans le Département pendant l'année, mais encore des journaux qui s'y publient, et qui sont au nombre de huit.

987. J'ai une haute estime pour la personne que vous avez chargée de mes intérêts, et j'ai une entière confiance en elle;

mais j'ai lieu d'appréhender qu'on ne la trompe, bien qu'elle ne mérite pas d'être trompée.

988. Pourquoi cette mère coupable obtient-elle son pardon ? Toutes les mères n'ont qu'à en faire autant, elles sont sûres d'obtenir le leur.

989. Il semble qu'un livre ne puisse faire fortune aujourd'hui, qu'en amusant le lecteur aux dépens de ceux qui, par des moyens qu'avouent la justice et l'humanité, se sont occupés sans relâche des moyens de consolider la chose publique.

990. Mon adversaire m'attaque violemment, m'accuse d'ignorance et de mauvaise foi. On va juger lequel des deux, lui ou moi, est plus digne de cette imputation ; mais je crains qu'il ne trouve grâce auprès des esprits prévenus.

991. Cette ode que je vous ai envoyée, je l'ai écrite en latin, parceque j'aime beaucoup cette langue, et surtout le poète Horace, qui m'enseigne l'art d'être heureux.

992. Un Prince aussi éclairé sur ses devoirs, et dont l'équité reconnue égale la grandeur d'âme, a renoncé aussitôt à de pareilles prétentions marquées au coin de l'injustice.

993. On exigera beaucoup moins que par la voiture publique, des voyageurs qui, m'honorant de leur confiance, voudront profiter de l'occasion que je leur offre tous les jours.

994. L'Auteur de cet ouvrage paraît avoir bien senti que toutes nos connaissances ont pour base commune l'histoire naturelle de

l'homme sensible et pensant, et que toutes leurs parties étaient liées entre elles par le fil d'une méthode générale qu'il a nommée analyse universelle.

995. On leur a assuré que la Sublime Porte a pris la résolution de ne recevoir aucun Ambassadeur d'Espagne, avant que la paix générale fût signée.

996. Je crois, a dit un Ecrivain, que la tyrannie populaire ou l'oppression d'un seul, quand elle n'étouffe pas le langage de la raison, empêche toujours le mal de se faire, et qu'elle opère toujours quelque bien.

997. Si la Providence me sert assez, ô mon fils, pour que je rencontre quelques pauvres que je puisse soulager, je n'aurai pas à me plaindre d'avoir des richesses superflues.

998. Je vous prie, César, de me pardonner ma faute. Si vous n'avez fait grâce à personne, il y a de l'audace dans ma demande; mais, si vous avez pardonné à plusieurs, sauvez moi, vous qui m'avez donné d'aussi justes motifs d'espérance.

999. En remplissant un devoir aussi sacré pour moi, je n'étais pas fâché de le mettre à mon égard dans une espèce de dépendance qui, selon mes idées, rapprochait la distance de nos conditions.

1000. Je n'étais pas l'amant d'Adèle, je n'étais que son frère; je l'admirais dans sa tendresse pour sa mère. Elle était infatigable, lorsqu'il fallait la servir, elle ne confiait qu'à elle-même le soin de la soulager, elle ne la quittait, la nuit, que d'après ses ordres réitérés, et elle passait souvent en prières les heures si courtes qu'elle semblait accorder au repos. Quel être dégradé aurait pu connaître alors ce que les hommes appèlent amour ?

1001. On prétend qu'il cultivait l'amitié, non pas pour le besoin d'aimer, mais pour son propre intérêt.

1002. Si l'on en croit ce moderne historien, on sauva la chose publique sans verser une goutte de sang.

1003. Madame Clot, bonne femme au demeurant, était bien la vieille la plus insupportable que je connusse.

1004. Ce sont eux que j'ai chargés de rendre compte d'un ouvrage aussi important pour le fond et pour la forme.

1005. C'est ici que Voltaire s'explique sans détour ; il veut que l'on puisse peindre chaque métaphore, sans aucune exception.

1006. Quand on lit tout haut, il faut avoir soin de lier ensemble les mots qui doivent être liés, pour être bien compris.

1007. Ceux que j'ai instruits ont rempli leur tâche ; ils ont été choisis par le Gouvernement pour occuper des places importantes.

1008. Quand on lit de pareilles phrases, on croit répéter une scène des *Précieuses ridicules*, ce qui prouve que le jargon n'est pas aussi moderne qu'on le prétend.

1009. Sont-ce des athées qui ont gagné tant de batailles rangées ? Sont-ce des athées qui ont accompli tant de prodiges, ou bien sont-ce des paysans chrétiens, de braves officiers qui avaient pratiqué, toute leur vie, les devoirs de la Religion ?

1010. Les exemples domestiques, quand

ils sont vicieux, corrompent d'autant plus sûrement, que ceux qui les donnent imposent davantage.

1011. Pépin ne vécut pas assez long-temps pour mettre la dernière main à tous les projets qu'il avait conçus.

1012. Cette offre, tout attrayante qu'elle est, ne nous convient nullement, parceque nous ne voulons pas nous éloigner des lieux qui nous ont vus naître.

1013. Ce fut de ce sang chéri des Dieux, qu'elle forma le corps où elle enferma l'ame de Lucrèce ; on conviendra que sa prison fut aimable.

1014. Cet enfant est un de ceux qui ont le mieux travaillé ; il est impossible, à mon avis, d'offrir un dessin plus correct et plus régulier.

1015. Cette maison me paraît trop peu élevée, pour qu'on puisse la distribuer commodément.

1016. On m'avait annoncé cette fâcheuse nouvelle long-temps avant qu'on vous l'eût rapportée.

1017. On rencontre partout de jeunes vieillards et des vieux enfants, ce qui prouve que le monde est bien changé.

1018. Nous devons estimer la vertu plus que les richesses ; celles-ci font souvent notre malheur, celle-là nous rend toujours heureux.

1019. L'Afrique n'est pas aussi peuplée que l'Europe, si l'on en croit ce qu'ont écrit les voyageurs qui ont vu ces deux parties du globe.

1020. C'est ici que l'eau coule le plus rapidement, à cause des efforts qu'elle a faits pour surmonter cette digue.

1021. Quand j'ai vu qu'il voulait attenter à mes jours, je me suis déterminé à le jeter hors de la maison.

1022. Un Centurion lui passa son épée à travers le corps, et le tua sur-le-champ.

1023. Mon ami loge près du boulevart Saint-Martin, allez le voir et demandez lui ce service de ma part, j'espère qu'il ne vous le refusera pas, et je désire qu'il en soit ainsi.

1024. L'amour excessif de la liberté nous empêche souvent de voir les précipices dans lesquels nous sommes près de tomber.

1025. Hors cet article, je suis tout-à-fait du sentiment de votre mère. Quand je lui demande un conseil, je veux qu'il soit juste et raisonnable.

1026. De toutes les personnes qui sont ici, ma sœur n'est pas la moins discrette, elle s'est accoutumée de bonne heure à l'être.

1027. Peut-être réussira-t-il avec le secours de ses amis; cependant je n'ose l'espérer.

1028. Nous avons à vérifier lequel, lui ou moi, a fait le premier l'application de ce principe de physique.

1029. Il savait descendre aux ménagements les plus délicats à l'égard de ceux-mêmes qui ne faisaient que d'entrer dans la carrière où il était aux premiers rangs. C'est une justice que lui ont rendue ses ennemis mêmes.

1030. Alphonse disait à ses courtisans : Les livres sont parmi mes conseillers ceux qui me plaisent le plus.

1031. Les histoires ne sont pas autant estimées qu'elles l'étaient autrefois ; on préfère aujourd'hui un roman à une histoire.

1032. Il faut mettre ordre à ses affaires avant de vouloir arranger celles des autres, ou de songer à y pourvoir.

1033. L'ami des arts , Winkelman , se serait à coup sûr indigné contre l'indifférence de Duclos ; celui-ci , à son tour , aurait ri d'un enthousiasme qu'il ne pouvait partager , et peut-être aurait-il fait un joli chapitre sur la manie des admirateurs exclusifs de l'Antiquité.

1034. Quoique vous ayez lu ce livre , je vous invite à le relire encore plusieurs fois pour vous en pénétrer.

1035. Les Commentaires de Voltaire sur Corneille dénotent l'homme de goût , mais ils n'annoncent pas le Grammairien.

1036. Travaillons à donner aux fidèles l'exemple de l'union la plus rare , quelles que soient les opinions de chacun.

1037. A Rome , ils inscrivaient sur leurs tables de proscriptions ceux dont la tristesse ou le malheur troublait un spectacle aussi ravissant.

1038. Il ne nous suffit pas de nous énoncer clairement , il faut encore que nous parlions avec une sorte d'élégance et surtout avec une grande pureté.

1039. Ma félicité était si grande , qu'il me semblait que son expansion dût remplir l'Univers.

1040. Je n'accuserai pas la Providence comme cette foule injuste et irréfléchie qui aime mieux calomnier le Ciel que de chercher la vérité.

1041. J'avais eu tout le temps de faire ces

réflexions, car nous nous regardions fixement l'un l'autre sans nous parler.

1042. C'était, non pas l'effet d'une vague prévention, mais celui d'une conviction irrésistible et profonde, qui me criait : Embrasse ton frère.

1043. Que des Romains s'estimaient heureux, quand ils comparaient leur situation à l'état misérable dans lequel ils s'étaient trouvés avant que Nerva montât sur le trône que Domitien avait laissé vacant !

1044. Quelque jaloux que soit devenu un mari ambitieux, on ne conçoit pas l'inquiétude que Cléon fait paraître pendant l'absence de son épouse.

1045. L'Encyclopédie est un ouvrage où, sans en excepter les admirateurs mêmes des Grecs et des Romains, personne n'a jamais attaqué l'autorité royale.

1046. On sait que Bocace fut un de ceux qui contribuèrent le plus à la renaissance des lettres en Italie.

1047. La déraison en littérature ne troublera jamais l'ordre social ; il suffit du ridicule pour en faire justice ; ce fut Rousseau qui s'en chargea, et personne n'était plus capable de s'en acquitter que lui.

1048. Ces fragments peuvent instruire non seulement les naturalistes, mais encore les commerçants de nos villes maritimes.

1049. Les premiers humains voyaient autour de leur cabanne leurs jeunes familles et leurs nombreux troupeaux. Ils étaient heureux jusqu'au fond de l'âme, une prévoyance inutile ne détruisait pas leur bonheur.

1050. Ayant suivi toutes les périodes de la

révolution du pays qu'il habitait, il n'avait rencontré dans aucune un seul être qui fût content de lui et des autres.

1051. On aurait mieux fait d'intituler *au hasard ce voyage*; et même il y aurait eu de la bonne foi envers le Public, à dire en quelle année il eut lieu.

1052. Il règne de grandes dissensions entre les Turcs et les Anglais; il semble que ces derniers se fassent un devoir d'exciter et de soutenir les Mamelucks auxquels ils fournissent non seulement des armes, mais encore des munitions.

1053. *Ce que vous voudrez* équivaut ici, comme en mille occasions, à *ce que vous pourrez*, et l'on se sert indifféremment de ces deux phrases dans tout ce qui n'est pas d'une grande importance.

1054. Le seul embarras qu'on pourrait éprouver ici, ce serait de décider lequel, Cicéron ou César, se montra le plus grand dans cette circonstance.

1055. L'esprit, l'oreille, les yeux étaient tenus dans un égal enchantement. On vit alors ce que la Religion était capable d'opérer sur les hommes imbus de bons principes.

1056. Le Roi fut très fâché que l'on honorât comme un saint un homme qu'il avait fait mourir pour crime de trahison, et qu'on lui attribuât des miracles.

1057. Moins un proverbe renferme de mots, meilleur il est, à mon sens. Dites moi, mon ami, ce qui vous en semble.

1058. Si la grâce ou le sursis n'est pas parvenu au moment où l'exécution doit avoir lieu, on doit y procéder conformément aux lois que l'on sait avoir été rendues.

1059. Un grand nombre d'événements qui eurent lieu dans ce mois là et dans les deux autres mois suivants viendront peut-être à l'appui des observations qu'a présentées l'abbé Dubos.

1060. Il ne leur est arrivé que trop souvent de s'emparer du bien des autres, et de les frapper, en outre, sans ménagement, lorsqu'ils se plaignaient de l'oppression et qu'ils y résistaient.

1061. Retourner les sifflets contre les vieux routiers du théâtre, c'était une tactique qui n'avait pas encore été découverte, elle vient de l'être.

1062. On croit que le bouillon dont parle M. Cadet de Vaux est susceptible de mieux se conserver que celui de viande ; je suis volontiers de cet avis.

1063. Frappée d'un coup mortel, elle jeta un dernier cri qui exprima le terme de son existence : voilà du moins ce qu'on rapporte.

1064. Il eut quelques-uns des défauts aimables d'Ovide ; il serait digne de suivre les derniers exemples de ce poète infortuné.

1065. Il faut convenir que tout le monde aujourd'hui est dégoûté du spectacle un quart-d'heure avant qu'il commence.

1066. Un gros volume sur la politique du cabinet de Saint-James, quelque bien fait qu'on le suppose, ne nous en dirait pas autant que ces deux phrases d'un Membre du Ministère Anglais.

1067. Nos journalistes copient, de la meillurs fur du monde, sur les feuilles anglaises, des articles de Douvres, qui prouvent que nos marins ne savent ni entrer dans le port de Calais, ni en sortir.

1068. On avait parlé d'un voyage de la Czar long-temps avant qu'il fût projeté; on voit aujourd'hui qu'il ne pourra pas se faire avant l'arrivée de l'Ambassadeur Turc.

1069. L'Angleterre avait trois Puissances rivales de son commerce et de sa marine : la France, l'Espagne et la Hollande; la fortune ou la trahison a remis toutes leurs forces entre ses mains.

1070. On voit que Corneille a précédé Molière non seulement dans la peinture d'un caractère ridicule, mais encore dans cet art de faire parler la raison sur la scène comique.

1071. Il ne suffit pas que vous puissiez me rendre le service que je réclame de vous pour Madame, il faut encore que vous le vouliez bien.

1072. L'Encyclopédie était, sous plus d'un rapport, favorable et même nécessaire à son existence personnelle et littéraire ; ni l'une ni l'autre n'étaient encore au dessus du médiocre.

1073. Le Parlement est acheté : voilà l'opération qui intéresse la couronne. Le Roi sait bien que les Ministres, quels que soient ceux que le sort lui destine, seront des hommes jaloux de commander.

1074. Ce marché fait, il alla trouver sa femme : Mon amie, lui dit-il, en lui présentant un collier, voici une emplette que je viens de faire pour toi; ce collier ne m'a coûté que deux mille louis.

* 6

1075. Il faut premièrement pardonner à ses ennemis, secondement leur faire du bien autant qu'on le peut. Voilà ce que nous enseigne l'Evangile.

1076. On ne trouve presque point d'incidents dans les drames des Anciens, mais on y trouve une action toujours vraisemblable et une marche qui n'est jamais interrompue.

1077. Dire que la nouvelle production de Madame C*** est bien supérieure aux productions précédentes, soit pour le fond, soit pour le style, c'est la louer comme il nous a paru qu'elle devait être louée.

1078. Quand un Maire connaît tous des indigents de sa commune, et qu'il sait les occuper à des travaux propres à leur procurer du pain, son active sollicitude supplée chez lui à sa générosité personnelle.

1079. On me demandera peut-être comment d'Alembert se trouve ici dans cette classe de Philosophes que je sépare des Sophistes. Je dois en dire les raisons.

1080. La probité ne sera plus qu'un mot, la foi du serment sera désormais comptée pour rien, si l'on adopte des principes aussi étranges et aussi bizarres que ceux dont je viens de parler.

1081. Deux hommes, dont l'un est riche et l'autre, indigent, peuvent très bien se convenir. Celui-ci donne de bons repas, celui-là dit des bons mots.

1082. Ces étrangers avaient une figure refrognée et rébarbative qui ne prévenait nullement en leur faveur; aussi nous ne pûmes les voir ni les entendre, sans éprouver quelque effroi.

1083. C'est ici qu'il faut montrer l'homme à nu, et révéler les effets trop fréquents de la succession rapide des impressions, des pensées et des espérances de la fragilité humaine.

1084. Cette correspondance de d'Alembert non seulement détruit l'idée avantageuse qu'il était parvenu à donner de lui comme homme de lettres, mais encore laisse sur son caractère moral une tache ineffaçable.

1085. On lit dans les œuvres d'un grand homme cet aveu plein de modestie que j'aime à répéter : J'ai fait, dans ma vie, bien des sottises, mais je n'ai jamais commis de méchanceté.

1086. Un Ecrivain à dit quelque part : Il est beaucoup plus aisé à un Roi de tenir conseil, que de donner des avis.

1087. Ni vous ni moi n'avons vu ces animaux d'une espèce nouvelle; on lit dans un Naturaliste Anglais, que leur queue a la même forme que celle des écureuils gris, mais qu'elle n'est pas aussi longue.

1088. Il aborde cette terre classique, une Iliade à la main; ce sont les lieux mêmes qu'il va interroger pour connaître d'eux tout ce qui s'est passé depuis Homère.

1089. En gravissant sur une montagne, nous reconnûmes encore que le bonheur habite souvent les lieux agrestes et solitaires.

1090. Nous tenons à la vie par l'espérance du mieux, mais trop d'épines et de maux l'assiégent pour que nous désirions de renaître au risque de repasser par les mêmes situations.

1091. Miltiade eut la délicatesse de ne li-

vrer bataille que le jour où le commandement
de l'armée lui appartint.

1092. Sterne passa à quelques lieues de
cet asyle où Gray sentit si bien ce qu'il
exprima depuis ; mais la précipitation ou
l'inadvertance l'empêcha de s'y arrêter.

1093. Telle est donc la malheureuse habi-
tude où nous sommes de regarder comme
peu importantes les choses qui se passent sous
nos yeux , quelque avantageux même que
puissent être les résultats qu'elles semblent
promettre.

1094. A l'époque dont je parle , le goût
de la philosophie n'était pas le goût domi-
nant. On était beaucoup plus aimable alors ,
qu'on ne l'est aujourd'hui.

1095. Je me suis aperçu trop tard de cette
erreur et de plusieurs autres fautes très graves
que j'ai supprimées , ou plutôt on me les a
fait apercevoir trop tard.

1096. On ne disconviendra pas que Fa-
bius et Périclès aient suivi tous les deux le
même plan de campagne.

1097. On peut envoyer à l'Institut les ouvrages destinés au Concours, en affranchissant
le paquet qui les contiendra.

1098. Il y a plus de joie dans le Ciel
pour un pécheur qui se repent de ses fautes ,
que pour quatre-vingt-dix-neuf justes qui
n'ont pas besoin de pénitence.

1099. Qui peut douter que la folie des
hommes ne soit grande ? Tel croit être élégant, qui n'est le plus souvent que ridicule.

1100. Vous vous êtes écarté de votre chemin,

me dit-on. Eh bien! puisque me voici dans la route, répondis-je, je la suivrai.

1101. J'adopte bien volontiers tout moyen que je crois honnête, c'est pourquoi je rejète les moyens qui me furent proposés hier.

1102. Les embarras étaient nombreux, l'argent qu'il ne comptait jamais, lorsque la nécessité ou la compassion ouvrait sa bourse, ne lui était pas plus fidèle qu'à nous tous.

1103. Il a raconté, ce matin, dans une grande société, qu'il avait soin de mettre cinq marons dans sa poche pour éloigner tous les maux ou pour s'en garantir; vous pensez bien que nous avons ri comme des fous de la superstition.

1104. Elle débite à tout venant les choses les plus futiles, et souvent celles qui sont les plus ridicules.

1105. Il ne suffisait pas alors d'être riche, l'or ne pouvait suppléer la naissance.

1106. Ces détails, dira-t-on, sont dénués d'intérêt; mais du moins les fictions, les peintures et les leçons qui en ressortissent, paraîtront peut-être de quelque utilité.

1107. Je vois toujours la main qui polit, je ne vois jamais l'esprit qui crée. Telle est la remarque peu grammaticale d'un Ecrivain très connu.

1108. Que m'importent la couronne à laquelle prétendait Démosthène, la jalousie d'Eschine qui voulut la lui ravir, les dispositions des auditeurs qui accoururent à la place publique, et l'humeur dont étaient, ce jour là, les Athéniens!

1109. Il faut convenir qu'il est peu de talents plus brillants, plus vrais que le talent de la parole. Ce fut par là que Cicéron se fit un nom célèbre.

1110. Non seulement il fut permis à chaque soldat de se livrer à quelque honnête industrie, mais même chacun reçut pour cela des facilités et des éloges.

1111. Cette salle de spectacle, située dans un beau quartier, sera louée le premier juillet, pour qu'on entre, le vingt-cinq, en jouissance de ce local.

1112. Les trois femmes savantes de Molière ont chacune leur caractère, a dit un homme célèbre qui a écrit sur l'art dramatique.

1113. C'est Ossian sous le ciel de Naples, sous un ciel où la lumière est plus pure, où les vapeurs sont plus transparentes.

1114. Il aime tellement le travail et l'occupation, qu'à quelque heure que ce puisse être, on le trouve chez lui écrivant ou méditant.

1115. Je ne sais si tout le monde vous rend la justice que vous méritez; pour moi, je vous la rends au fond de mon cœur.

1116. La vérité ou la fiction est indifférente à la fable, pourvû qu'elle amuse et qu'elle instruise.

1117. La vie est trop courte, pour que l'on apprenne à haïr sans injustice ou à se venger sans remords.

1118. Quoi! la Société se verrait troublée par ceux mêmes que la Nature paraît destiner à en faire l'agrément!

1119. De ce que la considération s'attache particulièrement aux emplois et aux richesses, il suit qu'un intrigant heureux et un fripon

adroit visent évidemment à la considération,
et doivent finir par être des hommes considérés.

1120. Les femmes prétendent suppléer par
l'esprit et par les lumières la force qui leur
manque. Erreur grossière et ridicule !

1121. Quel comédien soutiendrait aujour-
d'hui une pareille épreuve ? Je ne dis pas cela
pour les Comédiens du theâtre Français, qui
ont soutenu des épreuves de tout genre.

1122. Pour vous engager à consacrer tous
vos moments à l'étude de la langue des Buf-
fon et des Voltaire, je veux vous faire connaître combien l'usage en est répandu.

1123. L'indifférence et la résignation doivent s'étendre à tous les emplois. Rien ne
devrait nous attacher aux biens de ce monde,
qu'un jour, qu'un instant peut nous ravir.

1124. On s'attend à ce que M. de Kotzbue
rapportera quelques circonstances de cet événement, mais la politique ou la prudence les
a enveloppées jusqu'à aujourd'hui d'un secret
impénétrable.

1125. Des citoyens de tout état, même des
étrangers, ne peuvent s'empêcher de désirer
la perfection de ce bel établissement aussi
utile que respectable.

1126. On trouva, en 1774, ce vase d'or,
qui est très pur et parfaitement conservé, en
travaillant aux réparations d'une maison appartenant au Chapître de Rennes.

1127. Il est impossible de supposer qu'une
vielleuse, quelque jolie qu'elle soit, fasse une
pareille fortune, en ne donnant que des
chansons.

1128. Ce grand homme mourut dans cette

circonstance, et laissa après lui des regrets qui furent partagés par les savants et par toutes les âmes sensibles.

1129. Les dons qu'il recevait d'une foule d'étrangers, étaient, non pas le prix de la trahison, mais les nobles tributs de la reconnaissance dont on était pénétré pour les véritables services qu'il avait rendus à la République d'Athènes.

1130. Je ne puis vous dire si cet ouvrage est bon ; quoique j'en connaisse l'Auteur, je n'oserais assurer s'il mérite qu'on le vante partout autant qu'il est vanté.

1131. Après avoir fait d'inutiles efforts, comme il se voyait extrêmement maltraité, il jugea à propos de battre en retraite avant que ses magasins tombassent au pouvoir de l'ennemi.

1132. Il serait à souhaiter pour l'intérêt de la France, dont on sait que la richesse consiste dans un sol fertile, qu'on répandît avec profusion dans les villes et dans les campagnes cet ouvrage élémentaire d'agriculture.

1133. Les plus beaux endroits de l'Iliade et de l'Enéide, l'embrâsement de Troie et les malheurs de Didon doivent tout à la nature, sans rien devoir à la fable.

1134. Elle a mille petitesses et de ridicules prétentions. Ses manières, dit-on, sont trop libres, et son caractère est très arrogant.

1135. Dans la première bataille qui se donna, Brutus et Aruns, fils de Tarquin, se tuèrent l'un l'autre en combattant tous deux, l'un pour sa patrie, l'autre pour son roi.

1136. Tout le monde sait que l'Empereur Vitellius est un des plus fameux gourmands qui aient jamais existé dans le monde entier.

1137. Ces morceaux de prose sont composés par des femmes au nombre desquelles on compte Mesdames de Staël et de Boufflers ; et c'est des femmes seules qu'il est question dans les fragments qu'ont insérés ici MM. de Ségur et autres.

1138. J'appris que ce Prince daignait parler de mon Recueil avec une extrême indulgence ; je savais, dès ce temps, quelles étaient les pièces qui lui parurent les moins médiocres.

1139. Lorsque César, étant encore enfant, lisait la vie publique et la vie privée des héros de la Grèce et de Rome, son âme s'agrandissait, son imagination ardente s'élançait vers les combats.

1140. On doute que C*** renonce jamais à cet esprit de domination qui le fait haïr de chacun. On sait qu'il a infiniment de la vanité, et que son plus grand plaisir est de rompre tout le monde en visière.

1141. C'est un Philosophe sans système ; on ne trouve dans ses ouvrages, ni erreurs ni contrariétés. Esprit étendu, solide et varié, il eut toujours une morale pure; ses idées et son style furent à lui.

1142. Je ne connais guère les autres, ma chère enfant, mais je me connais assez bien : c'est le fruit de la solitude. Il faut que je me crée une existence qui me préserve de chagrins amers.

1143. C'est une femme aimable ; en agissant ainsi, elle peut néanmoins se nuire beaucoup à elle - même , mais jamais elle ne nuira aux autres ; elle ne se sert pas de son esprit pour éclairer ses sentiments , de crainte peut-être qu'il ne détruise les illusions dont elle a besoin.

1144. Que deviendrait ce bonheur ou ce calme dont je jouis , si, par un renversement bizarre , c'était moi, faible créature, qui méprisasse l'opinion des hommes?

1145. O mon Dieu , quand aurai-je assez souffert, s'écrie Delphine? Quand sentirai-je au fond de mon cœur que vous m'avez pardonné? Une idée m'a poursuivie depuis deux jours, j'ai cru sentir mille fois que je n'étais plus aimée de Léonce ; je me suis rappelé toutes les calomnies qu'on avait répandues contre moi.

1146. Si vous apprenez qu'il est inquiet de ma situation dans le monde, je vous conjure de m'en instruire. Hélas ! dès qu'une inquiétude cesse, une autre prend sa place ! Il semble qu'il faille toujours que la faculté de souffrir soit exercée.

1147. Les deux femmes près de qui j'étais assise par hasard , parlèrent bas , chacune en son langage. Personne ne me témoigna la moindre bienveillance , tout me glaçait d'effroi.

1148. Le cultivateur lira avec intérêt cet ouvrage élémentaire , parcequ'il le jugera à sa portée , et qu'en même temps il y trouvera des remèdes et des procédés simples pour obvier à beaucoup d'accidents qui désolent l'habitant des campagnes, ou pour s'en garantir.

1149. Palaprat fut lié avec Bruéis qui lui était bien inférieur en talent ; jamais la rivalité n'altéra leur amitié ; jamais on ne vit un aussi grand accord dans l'amour-propre de deux Gascons.

1150. Le bonheur ou même l'espoir du bonheur me ferait bientôt oublier mes disgrâces importunes ; mais je ne dois prétendre à rien dans ce bas-monde.

1151. Nous croyons que cet instrument, construit à peu près dans les mêmes principes que le théodolite, et bien exécuté, pourra, après qu'on y aura fait quelques perfectionnements, remplacer avantageusement les anciens instruments qui sont en usage dans les mimes.

1152. Jamais je ne pouvais entendre un mot touchant, une plainte, un regret, que la sympathie ne m'inspirât les paroles qui pouvaient adoucir le mieux la douleur.

1153. On m'a dit qu'il avait l'air très agité, et que dans le peu de mots qu'il avait adressés, il avait changé deux ou trois fois de visage. Sans doute il a tout appris, et, comme il est sensible à la réputation de Delphine, je frémis de l'état où il doit être.

1154. Ne croyez pas que vos deux affaires seront bientôt terminées ; elles ne peuvent l'être avant six mois, parcequ'elles ressortissent d'un tribunal où l'on a beaucoup d'affaires de cette nature à traiter.

1155. Je craignais d'offenser sa mémoire, en y portant le sentiment de mes peines, et j'aimais mieux étouffer les pensées qui tour-à-tour m'attiraient vers elle et m'en éloignaient.

1156. Hélas ! il me suivrait, et j'aurais essayé une troisième fois de m'éloigner pour retomber sous le charme ! Non ; le devoir a parlé trop haut, il faut qu'on y obéisse.

1157. Il est sauvé, me dit-il ! il n'a reçu aucune blessure ; son adversaire est seul blessé, mais il ne l'est pas grièvement. Tout est bien, tout est fini.

1158. Quand j'aime mieux mourir que d'avoir à me reprocher vos douleurs, j'ai plus qu'expié mes fautes ; je me crois bien supérieure aux femmes qui n'auraient pas les sentiments dont je triomphe.

1159. L'indissolubilité des mariages mal assortis prépare à la vieillesse des malheurs sans espoir. Il semble qu'il ne s'agisse que de repousser les désirs des jeunes-gens, et l'on oublie que les désirs repoussés des jeunes-gens deviendront les regrets éternels des vieillards.

1160. Il fallait examiner la vérité en elle-même, et traverser, pour arriver jusqu'à elle, les divers nuages que la sottise ou la méchanceté élève sur la route.

1161. A quelle époque cette Puissance parlera-t-elle de la paix, lorsqu'il est prouvé qu'elle ne cherche pas même de prétexte pour rompre celle qu'elle a conclue ?

1162. Tel commence la guerre dans le seul but de rétablir l'ordre, qui bientôt entend dire autour de lui, qu'il n'y a de repos que dans l'esclavage, de sûreté que dans le despotisme, de morale que dans les préjugés.

1163. J'examinerai avec vous à la fin de cette lettre quelles sont les obligations que la délicatesse vous impose à son égard ; mais c'est sous le rapport de votre bonheur, que je veux considérer ce qu'il vous convient de faire.

1164. Nous n'avons pas plutôt reçu une injure, que nous désirons de nous en venger. Pourquoi cela ? La vengeance est-elle donc un plaisir aussi doux que bien des gens le croient ?

1165. Si pour un homme c'est vivre, que de se lever et de se coucher chaque jour, de gagner plus ou moins péniblement des repas plus ou moins abondants, si c'est un plaisir que de s'excéder de courses et de sauts pour chasser l'ennui, les peuples dont je parle ont complettement vécu.

1166. Un des lieux les plus remarquables des environs de Trèves, c'est un petit bourg de l'autre côté de la Meuse, presque vis-à-vis de la ville.

1167. Si je rencontre M. de Valorbe près d'elle, s'il a senti le bonheur de la voir et de l'entendre, l'un de nous deux, M. de Valorbe ou moi, sera victime de l'amour funeste qu'elle a su nous inspirer.

1168. Il est tellement irrité que, si des calomnies, quelque absurdes qu'elles fussent, lui revenaient encore à ce sujet, il cesserait infailliblement de vous aimer.

1169. Je suis perdue, déshonorée, des religieuses me chassent, et pourtant je suis innocente ! oui, Dieu ! Dieu ! je le suis.

1170. Hier matin j'allai voir votre meilleure amie, elle me recommanda de ne vous laisser rien ignorer de tout ce qui peut vous être agréable.

1171. D'épaisses ténèbres couvrent la terre, mille tonnerres se font entendre ; il semble que les éléments confondus se fassent la guerre, et que toute la Nature se replonge dans le chaos.

1172. Il y a dans presque tous les hommes une susceptibilité quelconque qui les fait souffrir, une faiblesse qu'ils n'avouent jamais ; c'est comme une manie de l'âme qu'il faut traiter soi-même comme la traiteraient des médecins éclairés.

1173. Rappelez vous un à un ces hommes dont vous redoutez le jugement ; en est-il un qui vous paraisse mériter le bonheur que le Ciel semble vous avoir réservé ?

1174. L'une et l'autre bibliothèque ont des livres très précieux ; elles possèdent, chacune dans leur genre, tout ce qui peut intéresser les biographes et les antiquaires.

1175. Numa prend dans ses mains le bouclier céleste, et l'examine ; il était d'or pur, échancré comme celui des Thraces ; on y voyait représentés par un travail admirable tous les événements du règne d'Astrée.

1176. Tatius chargeait Messala de rendre la justice pendant son absence, lorsqu'une foule de femmes, d'enfants, de vieillards désolés, poussant des cris plaintifs, élevant leurs bras vers le Ciel, vinrent se précipiter aux pieds de Tatius.

1177. Je vous le jure, interrompit Numa fondant en larmes, et je prends, ajoute-t-il, les mânes de ma mère et ceux de Tullus pour garants de mon serment.

1178. Quel est le tribunal d'équité, en quelque lieu, à quelque époque que ce fût, qui ne la relèverait pas de semblables engagements ? Aucun sentiment de délicatesse, aucun scrupule de conscience ne s'oppose au parti que je vous propose.

1179. J'espère que ce n'est pas offenser les Immortels ; mais, si tel était mon malheur, j'aimerais mieux encore avoir à les fléchir, à les désarmer pendant le reste de ma vie, que de ceindre un diadême que je redoute et que je hais.

1180. Suis-je plus criminel que tous ceux qui ont été durs envers leurs semblables ? et cependant il en est tant, qu'on pardonnera sans doute à quelques-uns d'entre eux.

1181. Elle me reconnut dans l'embrâsure d'une fenêtre où j'étais allé me placer pour la regarder ; elle hésitait, j'en suis sûr, pour me parler ; cependant madame d'Ervins eut l'air affligée de sa résistance, et Delphine n'hésita plus.

1182. Je vous assure que j'aurai sa confiance quand je le voudrai ; je ne suis occupée que d'une chose, c'est de l'éviter. Le caractère de Léonce et de Delphine ne se conviennent point ; il faut les séparer pour l'intérêt de tous deux.

1183. Les hommes les plus méchants ne veulent pas s'avouer qu'ils le sont, et ils se réservent toujours quelques moyens d'excuse à l'égard des autres et d'eux-mêmes.

1184. Le premier orgue qui ait paru en France fut envoyé par Constantin Copronyme à Pépin, qui était alors à Compiègne. Voilà ce qu'on lit dans les Ephémérides religieuses et littéraires.

1185. Elle nous mena voir son jardin et sa maison ; l'un et l'autre étaient arrangés avec soin, avec goût et avec simplicité. La maison était aussi commode qu'élégante.

1186. Comme je commençais de lui donner des consolations sur les peines qu'elle avait éprouvées, elle m'arrêta pour me prier de m'expliquer mieux, et, lorsque je l'eus fait, elle eut l'air étonné.

1187. Je me rappèle la lettre à laquelle il a répondu, et la seule pensée de lui écrire me fait mourir de honte.

1188. Je pourrais bien n'être pas de votre avis à cet égard, mais ce n'est pas de cela, Madame, qu'il s'agit en ce moment.

1189. Je crois vous honorer par ma sincérité autant que vous méritez, Madame, d'être honorée ; et mon admiration respectueuse donne infiniment de la force à cette expression.

1190. Je n'avais pas encore trois ans quand mon père et ma mère moururent ; je fus confié à un oncle qui était peu riche et qui n'était pas jaloux de soigner mon éducation.

1191. Toi qui fais aimer la Providence, crois-tu, dis-moi, qu'elle nous ait donné les sentiments que nous éprouvons pour nous condamner à les vaincre ?

1192. On a tout prévu, on a répondu à tout, il ne reste plus de défense à votre cœur ; vous ne pouvez plus vous refuser à mon innocente prière.

1193. Je jetai mon mouchoir sur ma tête, et m'enfonçai dans ma voiture, dont le mouvement m'emporta sans me faire changer d'attitude.

1194. L'envie te crée des ennemis, tu te

mets peu en peine de ces convenances de société, qui imposent aux esprits vulgaires.

1195. Cinna vint assiéger Rome, accompagné de Marius, de Carbon et de Sertorius; il avait donné à chacun d'eux un corps d'armée à commander.

1196. Je m'arme contre lui de ses qualités mêmes, et, comme j'ai la certitude qu'il ne sacrifiera pas son honneur à l'amour, le désir de l'égaler m'inspire le courage de lui résister.

1197. Savez-vous que ce voyage durera plus d'une semaine? Je me rappèle cette pièce où Shakespeare a dit que la vie est ennuyeuse comme un conte répété deux fois.

1198. Je me sentais dans un trouble qui ne me permettait pas de parler à Léonce; Pourquoi le rendre témoin de mes cruelles incertitudes?

1199. Tout était en harmonie avec la sensibilité la plus pure, rien n'en distrayait, rien ne manquait même à l'imagination.

1200. Je crains que la fièvre ne me fasse tomber dans le délire; j'ai encore quelques instants pour recueillir mes pensées, je vous les consacre; aimez moi. Si je meurs, on peut me pardonner.

1201 Cet ouvrage est digne d'être placé dans la bibliothèque du philosophe et de l'homme de goût, sur le même rayon que le Voyage du jeune Anacharsis, et à côté de ce livre.

1202. On conviendra, en lisant ces lettres, qu'on doit beaucoup à celui qui les a traduites; non seulement son imitation est bien écrite, mais encore il a su donner à chaque personnage un ton différent et tel qu'il devait l'avoir.

1203. Le mot français *avril* vient du mot latin *aprilis*, qui vient lui-même du verbe *aperire*, ouvrir, parceque, dans ce mois, la terre commence à ouvrir son sein pour la production des végétaux.

1204. Ce qui rend très attachante la lecture d'Homère, d'Hérodote, de Plutarque, de Pline et des Ecrivains qui leur ressemblent, et ce qui fait qu'on y revient sans qu'elle fatigue, c'est qu'ils sont remplis de détails charmants sur les mœurs, sur les usages et sur les monuments qui les ont précédés.

1205. Etes-vous d'avis qu'il faille s'opposer toujours à ce que nos ennemis emploient les moyens de nous nuire ?

1206. Dites-moi qui des deux, vous ou le Préfet, prescrira la besogne qu'il convient de faire. La question est importante à décider.

1207. Pour faire une heureuse diversion, et pour couper la sécheresse des tables indicatives, j'aurais aimé à offrir ici plusieurs passages choisis, agréables, piquants, et il m'aurait été facile de le faire.

1208. Quand j'étais dans ce cabinet, occupé du soin des affaires de l'Etat, ni vous ni les autres n'osiez y entrer, et l'on devine bien pour quelle raison.

1209 Ce fut à ce bon roi Louis XII, qu'on reprocha, sur le théâtre, son avarice ; mais il ne se plaignit pas, et il rit de cette liberté un peu trop comique.

1210. Nous vous envoyons ici pour que vous délibériez ; il n'y a plus de temps à perdre, aussi

nous vous engageons , Messieurs , à nous
donner le plutôt qu'il sera possible votre dé-
cision sur cette affaire.

1211. Quand elles eurent parlé , elles se
regardèrent l'une l'autre avec la plus douce
expression de bienveillance et de sensibilité.

1212. Elle était devenue insensible à tout
ce qui aurait dû la flatter ; l'amour ne pé-
nétrait pas son cœur comme il l'avait jadis
pénétré.

1213. Dans ce temps-là , beaucoup de gens
intriguèrent pour se réconcilier avec une fa-
vorite devenue si redoutable , ou pour se rap-
procher d'elle.

1214. Je ne sais ce que l'on ferait de ma
fille, si je passais la nuit sans la consoler , si
je n'avais pas soin de l'apaiser en lui donnant à téter.

1215. Le monarque se laissa facilement persuader ce qu'il désirait vivement de tenir pour
vrai , bien qu'il dût se défier des rapports
qu'on lui faisait.

1216. Le Gouvernement a ordonné qu'il
sera élevé sur cette place une colonne à
l'instar de celle qui fut érigée à Rome en
l'honneur de Trajan.

1217. Elle s'identifiait avec celle qui renon-
çait sans retour aux plaisirs d'un monde trom-
peur et à ses fausses maximes.

1218. C'est lorsque nos amis sont le plus
affligés , qu'il faut aller leur offrir nos secours et nos consolations.

1219. Ce peu d'écrits qu'on oublia dès leur
naissance furent attaqués vivement par des
littérateurs, qui semblent n'avoir d'autre profession que celle de médire.

1220. Je ne serais pas surpris que le Gouvernement revînt sur cette proposition qu'il n'était pas encore temps de discuter.

1221. Il est plus difficile de s'élever au-dessus de l'ambition et de l'avarice, que de composer de beaux traités de morale ou de rhétorique.

1222. Voyez ces enfants qui jouent dans la plaine; n'y a-t-il pas à craindre qu'ils ne se fassent du mal dans un lieu qui renferme autant d'herbes ?

1223. Ce brigand couronné, ayant été vaincu, en quinze cent soixante, par Ismal, second Sophi de Perse, se vit tout-à-coup sans troupes et sans royaume.

1224. Alexandre-le-Pieux permet aux Chrétiens d'exercer leur religion, et d'élever un temple en l'honneur de J.-C. qu'il fait mettre au rang des Dieux.

1225. Elle se rend maîtresse de toutes ses volontés, et le captive au point de lui faire oublier à l'égard de sa fille tous les devoirs d'un bon père.

1226. Duclos mit dans ses *Considérations* une assez grande sévérité de morale, mais il n'y mit jamais le ton et l'intention de la satyre.

1227. Tous les hommes qui ont été victimes de l'injustice du pouvoir arbitraire, désirent ardemment la liberté; elle fut aussi l'objet de tous ses vœux.

1228. Le merveilleux d'un charlatan impose aux sots, comme le merveilleux du talent impose aux gens d'esprit.

1229. Je vous ai obligée, Madame, il est vrai; mais quel que soit le service que je vous ai rendu aujourd'hui, croyez bien que je le

regarde comme au-dessous de la reconnaissance qui vous est due.

1230. Maximilien Herculius vient à Rome
où il s'efforce de se faire reconnaître Empereur. Il exhorte Dioclétien à suivre son
exemple et à reprendre le Gouvernement,
mais Dioclétien s'y refuse.

1231. Il m'a fallu revenir trois fois succes-
sivement sur le quinzième et sur le seizième
chapitre, pour les réduire, d'un gros volume
qu'ils formaient, à l'étendue qu'ils ont à présent, et ils pourraient être réduits encore,
sans que les faits et le sens y perdissent.

1232. Qu'est-il arrivé de là ? c'est que la
plûpart des lecteurs n'y entendent rien, et ne
savent pas se rendre raison de la signification
de ces mots.

1233. Je sais cette aventure de personnes
qui prétendent être allées elles-mêmes sur les
lieux pour en connaître tous les détails, et
pour s'en faire rendre compte.

1234. Cette montagne nous a paru fort escarpée, et, si l'on en croit sur parole certains
voyageurs, on met une heure et demie pour
la monter.

1235. On conviendra sans doute que nous
devons commander à nos passions; si nous leur
laissons un empire absolu sur nous-mêmes,
il faut nous résoudre à nous laisser gouverner
par elles.

1236. Louis treize, ayant pris Nancy en
1631, proposa et sollicita même Callot de
représenter la conquête qu'il venait de faire,
comme il avait représenté la prise de la Ro-
chelle.

1237. Je ne sais pas comment il a pu se

faire que vous ayez mieux aimé survivre à un pareil déshonneur, que de vous précipiter au milieu des bataillons ennemis. C'est là sans doute que vous auriez trouvé une mort certaine, mais glorieuse.

1238. Quelque précaution qu'on puisse prendre, la jouissance use ce sentiment exquis : voilà ce qui est très vrai, et c'est ce qu'a mal exprimé un Auteur moderne.

1239. Les soldats peuvent faire ici chacun leur ménage, ils y trouvent tout ce qu'il leur faut à cet effet ; on a songé à ce dont ils pouvaient avoir besoin, et on l'a préparé.

1240. La Reine de Navarre accepta ces propositions avec la plus grande répugnance, craignant qu'elles ne fussent les précurseurs de quelques nouveaux pièges.

1241. J'aurais voulu le quitter plutôt pour aller vous rejoindre ; mais il a causé si long-temps avec moi (*), que je me suis vu contraint à dévorer l'ennui d'un très long entretien.

1242. Je prends la liberté (**) de vous rappeler la promesse que vous m'avez faite de revoir cet ouvrage auquel je n'ai pu, à cause de mes occupations, donner tous les soins qu'il exigeait.

_____

(*) *Il m'a causé* est une expression que je n'ai surprise que dans l'ancienne province de Flandre.

(**) *Prendre la confiance.* Cette expression est tout-à-fait de mode dans les Départements du Nord et du Pas-de-Calais. Je soupçonne que quelque beau diseur, ennemi du langage ordinaire, aura substitué le mot *confiance* à celui de *liberté*, et que, donnant le ton à tous ceux qui étaient accoutumés à l'entendre, il aura introduit dans la langue cette expression fort étrange.

1243. Le repos, la tranquillité est ordinairement le partage de l'homme qui, bien loin de trafiquer des richesses, est assez sage pour les mépriser, et pour les éloigner de sa maison.

1244. On traduisit à Venise les meilleures pièces de Plaute, et on les traduisit en vers, ainsi qu'on devrait traduire toujours les poètes.

1245. Il est convenu avec moi (*) que ce qu'il a perdu ne peut se comparer avec ce qu'il a trouvé; ainsi la balance est tout en faveur des choses passées.

1246. Quelques soldats de l'armée ennemie sont venus se promener dans notre ville; nos jeunes et nos vieux officiers les ont très bien accueillis.

1247. Vous avez fait une démarche que je suis loin d'approuver; bien des gens ne vous diront pas ce qui leur en semble, mais je vous dirai franchement qu'elle est assez indiscrette, pour que je la condamne.

1248. Toute restriction ne tendra qu'à l'établissement d'une oligarchie, en la revêtant des formes qui ne la feraient pas échapper au mépris.

1249. On a vu des tigres qui s'élançaient sur leurs adversaires, se cramponnaient à leurs épaules, sans que rien pût leur faire lâcher prise.

1250. Le jour, il observait tout ce qui lui paraissait digne d'observation, et, le soir, il

---

(*) *Il m'est convenu* est encore une expression vicieuse en usage dans les Départements dont j'ai parlé plus haut.

écrivait dans un château tout ce qu'on lui avait enseigné sur la botanique et sur le commerce.

1251. Ce qu'on appelle communément un véritable ami n'est jamais aussi utile qu'un ardent ennemi est nuisible.

1252. Le bien, n'est-il pas vrai? appartient à la religion; les abus appartiennent aux hommes qui ont dégénéré depuis son institution.

1253. M. Delange a droit de réclamer justice, puisqu'il le rend aux autres; son voyage offre beaucoup d'intérêt.

1254. Le ménage de cet étranger était monté sur le ton d'une économie sordide, lorsqu'il ne donnait à manger à personne.

1255. Il débuta dans la Capitale avec un équipage brillant, deux filles bonnes à marier et réputées riches, et une livrée qui attirait sur elle les regards de la foule.

1256. La conversation fut d'un très grand sérieux, et l'on fit les questions les plus triviales avec la même cérémonie qu'on aurait mise à des affaires d'Etat.

1257. La poésie devint une passion dans ce pays où l'on était sans cesse animé par la vue des plus riants objets, et les poètes furent des hommes respectés.

1258. Nous avons lu quelque part que la Perse, contrée si célèbre, eut des poètes qui, je ne crains pas de le dire, auraient pu rivaliser avec ceux de l'Arabie.

1259. Qui ne sait combien l'on faisait de cas d'un homme qui rendit tant de services à l'humanité souffrante? Son triomphe fut si grand, que la chirurgie prit entre ses mains une face toute nouvelle.

1260. Cette pièce a paru très bien jouée. Les acteurs que nous avons vus y figurer ensemble, se sont surpassés, chacun dans son emploi.

1261. Vous voulez régénérer votre État, et assurément il est utile, Sire, il est pressant qu'il soit régénéré.

1262. J'ai entendu ce discours en vers, qui est écrit sur la bonne et la mauvaise plaisanterie, et j'y ai vivement applaudi ; nous le devons à un poète distingué.

1263. La Batrachomyomachie d'Homère est dans son genre un véritable chef-d'œuvre que les modernes ont quelquefois égalé, mais qu'ils n'ont jamais surpassé.

1264. Vous avez invectivé contre tous les hommes qui se sont montrés les courageux défenseurs de la vraie philosophie ; mais vous semble-t-il que vous ayez eu raison ?

1265. On pourra répéter ce qu'on a dit cent mille fois : que la vérité, quoiqu'elle arrive tard, arrive toujours à propos.

1266. J'étais dans un tel trouble, que je cessai de vouloir, et je me laissai conduire sans réflexion et sans résistance.

1267. Quoique j'aie voyagé en Italie, je dois convenir que le voyage écrit par M. Lalande m'a beaucoup servi.

1268. Quelle combinaison d'industrie, quelle multiplicité de talents il faut, je ne dirai pas pour conduire les arts à la perfection, mais seulement pour les cultiver et pour les faire fleurir !

1269. Cette caille mange toute seule, je me suis donné beaucoup de peines pour l'élever jusqu'à aujourd'hui.

1270. Il faut mettre autour de cette table

un tapis qui puisse nous garantir du froid, quand il incommodera.

1271. A quel excès n'a-t-il pas porté sa jalousie et sa colère, puisqu'il l'a fait indignement battre de verges, et qu'il lui a fait trancher la tête !

1272. Que de maux qu'il faut prévoir et auxquels il faut parer dans ce monde ! Celui qui est debout, doit prendre garde de tomber, et celui qui pratique la justice doit prendre garde de perdre cette vertu.

1273. J'ai un grand nombre d'affaires qui me forcent à retourner chez moi, aussi suis-je déterminé à partir de ce moment-ci à après-demain.

1274. Les voyageurs rapportent qu'une feuille légère, un flocon de neige, un bruit à peine entendu suffit pour précipiter du haut des montagnes ces cruelles avalanches qui portent partout la désolation ou la mort.

1275. C'est à ces sœurs hospitalières, que nous devons notre santé, notre bonheur ; elles font notre cuisine et donnent notre linge à blanchir.

1276. L'école de Bernard est devenue très nombreuse, mais ses disciples n'ont pas autant d'esprit que lui ; ils ne savent pas déguiser aussi bien la pauvreté de leur imagination et de leur génie.

1277. Vous pouvez compter sur mes bonnes dispositions à votre égard, et y croire ; aussi ai-je déclaré, ce matin, que je ne veux pas séparer ma cause de la vôtre.

1278. Vous me ferez le plaisir de venir me voir de bonne heure à la maison, ma mère n'y sera pas, j'aurai celui de vous recevoir.

1279. Soit qu'on approuve, soit qu'on blâme, on tombe dans des généralités qui ne prouvent rien, ou dans des détails minutieux qui ennuient.

1280. Il n'est pas aussi aisé qu'on veut bien le croire, de sacrifier l'intérêt particulier à l'intérêt général.

1281. Après une lecture attentive de cette production nouvelle, il trouve qu'on ne rend pas assez justice au traducteur.

1282. Ces enfants ne me paraissent pas avoir commis des fautes assez graves, pour mériter qu'on les renvoie, aussi trouvé-je qu'on a été injuste à leur égard.

1283. Je ne puis rien vous dire sur cette affaire qui m'est tout-à-fait étrangère; mais je consulterai celles de mes connaissances qui sont familiarisées avec les objets de cette nature.

1284. Quand on a peu lu, on croit inventer des choses qui depuis long-temps sont inventées, mais on se trompe en cela.

1285. L'homme dont je vous ai parlé n'est pas riche, mais il est plein d'honneur; aidez le à récupérer les pertes considérables qu'il a faites.

1286. Votre avocat, malgré ses promesses réitérées, et quoique je lui aie représenté combien vous avez à cœur de voir terminer cette affaire, n'a pu m'assurer qu'il s'en occupera bientôt.

1287. Courbés sous le joug de la terreur, ayant pour perspective une mort certaine, hélas! nous avons bien pu méconnaître passagèrement cette maxime, comme nous avons méconnu tous les serments qu'on a exigés de nous.

1288. Cet enfant a été mal élevé, aussi n'est-il pas difficile de lui faire peur, et la raison en est qu'en naissant il a été bercé de contes de revenants.

1289. Je publierai ces comédies que j'ai revues et que j'ai enrichies de notes ; elles seront près de paraître quand la foire de Leipsick s'ouvrira.

1290. Solon prouva à Crésus que le bonheur consiste, non pas dans la fortune, mais dans la vertu.

1291. Danaüs ayant appris de l'Oracle qu'il devait être tué par ses gendres, exigea de ses filles qu'elles massacrassent leurs maris ; toutes, en effet, poignardèrent, chacune, leur époux, excepté Hypermnestre qui sauva Lyncée.

1292. On ne sait ce qu'on doit admirer le plus ou la rapidité du conquérant ou l'importance de la conquête.

1293. Leur but était de trouver une occasion de porter la guerre en Asie, pour y faire respecter leur Puissance, comme elle était déjà respectée en Europe et en Afrique.

1294. La Russie est une Puissance colossale ; si on ne l'arrête pas, a dit un Écrivain politique, elle envahira les Etats qui sont autour d'elle.

1295. Le talent est bien apprécié à Paris, mais il faut croire qu'il y a trop de talents dans cette capitale ; en effet, que d'hommes instruits sont, à Paris, sans pain et sans ressource !

1296. Ce Prince surchargea son palais de vases et de tableaux ; il avait de superbes maisons non seulement de ville, mais encore de campagne.

1297. Laquelle de ces deux extrémités si dangereuses, mérite le plus notre prévoyance et nos attentions? c'est ce à quoi je vous prie de répondre.

1298. Un tel oracle méritait qu'on le consultât et qu'on y obéît avec une entière soumission, mais on a paru ne pas y ajouter foi.

1299. Ces Insulaires ont tous les membres du corps à découvert, excepté ce que la pudeur ordonne de cacher; mais on n'a rien à craindre de leur part.

1300. J'ai vu peu de jardins qui fussent aussi beaux que ceux-ci; je suis charmé des sites qui les environnent, et je me plais à les considérer.

1301. Il ne tient qu'à eux de rétablir dans son premier éclat cette ancienne pièce charmante, comme ils ont rétabli le *Roi et le Fermier*, qui est un opéra bien plus vieux qu'elle.

1302. L'homme dont le naturel est heureux, dont l'éducation a été bonne, est, de toutes les créatures vivantes, la meilleure et la plus douce; mais, si son éducation a été soit mauvaise, soit insuffisante, il est le plus sauvage de tous les êtres que la terre a produits.

1303. Dans le traité, il n'y a aucune clause par laquelle l'Angleterre se soit engagée à renoncer au droit qu'elle s'est arrogé de visiter les équipages des vaisseaux Américains, ou même à modifier ce prétendu droit.

1304. Dans cette contrée hyperboréenne, on se vêt encore à présent des étoffes les mieux conditionnées et des meilleures pelleteries de toute l'Europe.

1305. Il saura bien se faire applaudir plus que ses prédécesseurs, qu'on ne vit jamais avec un très grand plaisir, ne furent applaudis.

1306. Il mit aussitôt la main à la plume, et m'écrivit ce qui en était, sans que je le lui eusse demandé.

1307. Le héros de cette tragédie est mort d'une tuile; c'est donc, non pas de sa mort, mais de son rétablissement sur le trône de ses aïeux, qu'il s'agit ici.

1308. Il semble que rien ne soit plus propre à inspirer la Muse pastorale, que les mœurs pures et hospitalières des anciens Patriarches.

1309. Damas jouait le rôle de Maxime aussi bien que peut être joué un rôle tout-à-fait ingrat; son jeu a paru aussi naturel que savant.

1310. De quelque politesse qu'un refus soit assaisonné, il semble toujours amer à ceux qui l'essuient.

1311. Edouard s'engageait soit à faire une descente en France, soit à y envoyer un lieutenant-général.

1312. Plusieurs gentilshommes étaient encore attachés à la Princesse Marie; les uns étaient ouvertement attachés à son parti, les autres n'attendaient que l'occasion de se déclarer.

1313. Les Francs trouvèrent les actes publics et les lois écrits en latin; ils virent que les mystères de la religion se célébraient dans cette langue.

1314. On voyait qu'il était moins persuadé lui-même, qu'occupé des moyens de consoler le roi dont l'affliction était aussi grande qu'elle pouvait l'être.

1315. Il fallait trouver quelqu'un pour remplir cette place ; votre ami se présenta, et ce fut ce jeune-homme, que je connaissais depuis long-temps, sur qui je jetai les yeux.

1316. Je dirai à mes gens d'expédier votre affaire, et je la ferai terminer le même jour, persuadé que vous avez intérêt de mettre de l'ordre dans les choses qui concernent vos amis.

1317. L'Ecole de Tarsus osait rivaliser avec les Ecoles d'Athènes, d'Alexandrie et de Rome : voilà ce qui est avancé par un de nos historiens modernes.

1318. J'avais à supporter tout le poids du jour ; il fallait que j'allasse et vinsse pour vaquer aux soins du ménage.

1319. La dernière faute de M. de Pompone n'a pas produit tout le mal, mais elle a fait résoudre ce qui n'était pas encore résolu.

1320. Je me rappelle vous avoir entendu raconter ce triste événement qui, à vous en croire, eut des suites très fâcheuses.

1321. Si ma fille voulait se marier, ce serait à lui sans doute que je la donnerais ; mais, avant que je lui fisse la proposition d'un époux, elle m'a déclaré vouloir rester fille.

1322. On ne quitta le jeu qu'au moment où toutes les bougies furent près de finir : tant est grande la passion que la plûpart des gens qui demeurent en province ont pour le jeu !

1323. Il s'était proposé d'agir sans enthousiasme et sans précipitation, mais les têtes exaltées vont toujours au-delà du but qu'elles veulent atteindre.

1324. J'ignore si c'est à vous, Messieurs, ou à M. d'Alembert, que je rends un hommage plus pur, en faisant observer que l'homme dont la mémoire appèle ici une Assemblée imposante, est pleuré dans ce moment même par les enfants obscurs d'un obscur artisan, que la vertu a faits ses frères.

1325. Ce jeune Ecrivain a prouvé par cette tragédie, qu'il est familiarisé avec les écrits des Anciens, et que le père de la poésie grecque surtout lui est particulièrement connu.

1326. C'est là que nous verrons, comme en représentation, l'histoire distincte de notre vie physique, celle de notre vie morale, et celle de notre vie intellectuelle.

1327. Sans cette puissance d'analyse, il est impossible que l'esprit se donne un caractère, parceque c'est elle qui nous dispose à l'art de comparer.

1328. C'est une plante qui croît au hasard, le souffle de l'homme suffit, dit-on, pour la flétrir.

1329. Jamais vous n'avez pensé que la première et la plus noble conquête fût celle des cœurs, et en cela vous avez eu tort.

1330. Ce n'est pas des choses, que vous jouissez, c'est de leur recherche, ce qui n'est pas du tout la même chose.

1331. Philippe IV eut Charles II ; celui-ci étant mort sans enfant, en 1700, le royaume d'Espagne est passé de la maison d'Autriche dans celle de France en la personne de Philippe V, petit-fils de Louis-le-Grand.

1332. Il n'était personne qui ne se réjouît d'avance de voir qu'on dût l'élever aux premières dignités de l'Etat, lorsque tout-à-coup non seulement il refusa de nouvelles grâces du Souverain, mais encore il se démit de tous ses emplois pour se vouer à la retraite.

1333. Les hommes me trompent; or, comme je ne veux pas être trompé, je n'aurai plus affaire à eux ; quant aux femmes.... Ah ! mon ami, qu'elles sont plus dangereuses !

1334. On forma trois corps de troupes , dans lesquels un grand nombre de janissaires prirent volontairement du service.

1335. On désire que ce concert soit brillant et fructueux , et l'on croit qu'il le sera , parcequ'il est reconnu que la modestie de celui qui doit le diriger égale son talent.

1336. Dès que vous m'avez eu fait connaître que ces papiers étaient arrivés chez votre ami, je suis allé le trouver , et me les suis fait remettre.

1337. L'oreille d'un Turc , qui est plus dépravée sans doute que celle du satyre Marsyas , se réjouit de ce fracas, et y applaudit.

1338. Je salue Cléone , Musarion , Cléonidas , et les prie de se souvenir de moi ; s'ils m'oublient , je suivrai leur exemple.

1339. Epicure nous apprit autrefois que le bonheur de l'homme est dans la jouissance , et que la jouissance consiste dans la vertu.

1340. Ces détails pourront ne pas paraître indifférents, mais surtout ils serviront à mieux faire connaître un des hommes les plus bizarres qui aient jamais existé.

1341. Ce pays est peut-être le seul coin de la

terre, où les hommes soient sans vice, sans haîne et sans préjugé.

1342. Il n'y a pas de doute que notre langue ne doive à la langue grecque et à la langue latine presque toutes les richesses que lui ont fournies nos bons Ecrivains.

1343. Je m'étonne que cette jeune personne pince aussi habilement la guitare, n'ayant reçu de leçon d'aucun maître.

1344. Ses fils le suivirent de près, ils se jetèrent à genoux à côté du lit dans la plus grande douleur, et lui baisèrent les joues et les mains.

1345. C'est à tort que les jeunes-gens croient pouvoir se dispenser de lire les bons modèles, et de fréquenter les personnes qui parlent le plus purement.

1346. Peu de mois après qu'elle eut paru à la Cour, le Prince la fit venir dans son appartement, et l'ayant pendant quelques minutes regardée fixement : Voulez-vous, lui dit-il, passer votre vie avec moi ?

1347. Y a-t-il encore une loi qui défende de pénétrer dans cet azyle ouvert au malheur? Je n'en connais pas.

1348. Il est impossible de mieux caractériser Michel Montaigne qu'il n'est caractérisé dans ce vers bien connu : Il ne cherche qu'en lui matière à ses écrits.

1349. Ces divers mouvements me donnent un embarras et une timidité tels que je crains qu'ils ne m'accusent.

1350. Vous pouviez repousser la force par la force, car, après tout, les lois permettent qu'on s'oppose à la violence et qu'on la repousse, quelle que soit la personne qui nous attaque.

1351. Le Général leur dit : Mes braves, ce n'est pas là que je vous ai placés ; suivez moi dans un lieu plus digne de votre courage.

1352. Les uns et les autres non seulement y apprendront à se familiariser avec les richesses de la langue latine, mais encore acquerront le sentiment de toutes les beautés qui caractérisent essentiellement Virgile dans cette admirable production.

1353. J'ai gravi sur des montagnes escarpées avec neuf ou dix chasseurs qui connaissaient parfaitement le pays.

1354. Je possède un Rousseau et un Voltaire magnifiques ; c'est du premier que j'ai fait emplette, et c'est du dernier qu'on m'a fait présent.

1355. J'ignore pourquoi cet homme à qui j'ai rendu des services, m'a fait un aussi mauvais accueil, quand je suis arrivé dans une ville que je n'avais jamais vue.

1356. Les blessures que fait un joli minois ne sont ni aussi cruelles ni aussi dangereuses que celles qui sont faites par une Amazone armée de son carquois.

1357. On trouve dans un Traité de minéralogie cette phrase que je prétends n'être pas française : Un fossile est ce que l'on tire de la terre en la fouillant.

1358. On nous servit de bon pain à Valence qui est, je crois, une ville du Dauphiné ; mon frère et moi ne pûmes nous en rassasier.

1359. Je vous engage à ne rien faire qui puisse nuire à votre réputation ou à celle de vos aïeux, et vous prie de suivre en cela mes exhortations.

1360. L'Eternel pesera nos bonnes et nos mauvaises actions, et il nous condamnera ensuite à un bonheur ou à un malheur éternel.

1361. Vous passez tout votre temps à ne rien faire, au lieu de méditer les bons Ecrivains qu'ont produits les siècles d'Auguste et de Louis XIV.

1362. Il n'y a pas à craindre que l'ouvrage dont je viens de parler, donne à l'esprit des jeunes-gens ce tour faux et dangereux qu'il ne manque pas de puiser dans la lecture des livres systématiques.

1363. Ils se passèrent leurs épées à travers le corps, et le vainqueur fut assez barbare pour les contempler mourir tous deux.

1364. Ce digne élève d'Esculape est aussi habile à guérir les maladies du corps, qu'il l'est à guérir celles de l'esprit. On connaît de lui un ouvrage où il a traité des diverses affections de l'âme.

1365. La nuit du 26 au 27, il fit détruire les faubourgs de toutes les portes, et pendant la nuit suivante, on brûla par ses ordres le moulin de *Sin*. Le 28, les assiégeants continuèrent leurs lignes; les dragons de la place tinrent la campagne, pour empêcher qu'on n'en fît la reconnaissance.

1366. Je fus appelé hier chez un Président de Cour d'appel, qui me remit les papiers

dont j'avais demandé le dépôt chez un no-
taire.

1367. Auriez-vous pensé qu'un Auteur, recommandable à autant d'égards, eût pu se servir de cette locution généralement réprouvée :
« Le Rétiaire, en poursuivant le Mirmillon,
lui criait : Ce n'est pas à toi, Gaulois, que
j'en veux, c'est à ton poisson. »

1368. Quand Métellus reçut la permission
de revenir à Rome, on vit sa raison près
de l'abandonner. Ce grand homme n'avait fait,
jusqu'au moment de son exil, qu'obliger ses
concitoyens qui surent lui rendre la justice
qu'il avait si bien méritée.

1369. Il était impossible d'avoir plus d'esprit et de bonté que Mécène ; il n'employait,
dit-on, le crédit qu'il avait sur Auguste, que
pour rendre service à tous ceux à qui il pouvait le faire.

1370. C'est aux jeunes-gens que je m'adresse,
quand je leur assure qu'ils se repentiront
d'avoir mal employé un temps aussi précieux ;
mais je leur fais observer qu'ils regretteront en
vain la perte considérable qu'ils auront faite de
leur temps.

1371. Aristide s'était concilié les suffrages
du peuple Athénien, et s'était rendu célèbre
par ses principes d'équité et de désintéressement. Il aimait la retraite, et se plaisait à
converser avec les plus grands hommes de son
siècle.

1372. Que cette guirlande est belle ! les
fleurs en sont fraîchement cueillies ; il semble,
à les voir, que nous soyons encore aux beaux
jours du printemps.

1373. J'ai demandé à mon ami un service

que j'espère qu'il me rendra, et je l'attends de lui. S'il peut m'obliger et le faire sans délai, il m'épargnera bien des chagrins et des démarches.

1374. Ce mur paraît menacer ruine, il est près de s'écrouler, si l'on ne prend les moyens nécessaires pour lui donner plus de solidité.

1375. On condamna ce grand homme pour n'avoir pas voulu donner un avis contraire aux intérêts de l'Etat ; mais il aima mieux sortir de Rome, que d'abandonner son sentiment.

1376. Le cerf aux abois prend souvent des allées qui traversent pour se soustraire à la fureur d'une meute de chiens qui semblent avoir juré sa perte.

1377. Ceux qui ont le pouvoir en main doivent s'appliquer à rendre justice aux faibles et aux opprimés qui le réclament ; or je ne doute pas que les magistrats auxquels je me suis adressé n'accueillent favorablement les justes plaintes que je leur ai portées.

1378. Vous parlez en hommes instruits qui entendent la langue de Démosthène et de Virgile ; aussi imposez-vous dans toutes les sociétés par la manière brillante avec laquelle vous vous énoncez.

1379. Faut-il s'étonner que tant de personnes commettent des infractions contre les règles du langage ordinaire, puisque des fautes de langue sont échappées à Racine et à Boileau dans leurs ouvrages ?

1380. Un jeune-homme qui n'a pas encore atteint son troisième lustre, ne doit pas se borner à quelques marques de repentir ; il faut encore qu'il présente ses excuses pour obtenir son pardon de ceux qu'il a offensés.

1381. Il ne faut pas croire que tous ceux qui jouent du violon ou touchent le clavecin soient pour cela versés dans l'art musical. Tel touche un instrument , pince la harpe , joue du violon , qui souvent ne connaît que les premiers principes de la musique.

1382. On veut nous ravir notre fortune , mais , comme nous l'avons acquise justement et que nous la possédons de même , comme nous sommes libres de la garder ou de la remettre en d'autres mains , on ne nous en dépouillera pas , sans user de violence , et sans se rendre coupable d'un grand délit.

1383. Il faut soulager la classe des malheureux; il faut l'aider , autant qu'il est possible , à supporter les misères et les angoisses de cette vie.

1384. Il est donné à peu de personnes de cultiver avec succès la poésie ; s'il en est quelques-unes qui , dans leur vol hardi , s'élèvent jusqu'au sommet du Parnasse , le plus grand nombre gravit sur cette montagne escarpée. Ne suivez pas l'exemple de ces derniers.

1385. On m'a toujours enseigné qu'il n'y a pas de meilleur moyen de se faire aimer , que de paraître honnête et obligeant envers tout le monde.

1386. Epargnez moi le désagrément de vous répéter que la religion et l'humanité défendent qu'on fasse du mal à qui que ce soit , et qu'on se réjouisse des malheurs d'autrui.

1387. C'est quand nous étions le plus tranquilles dans ce bois , que la foudre, que nous

avions entendue gronder peu auparavant, est
tombée en éclat près de l'arbre sous lequel nous
étions abrités.

1388. J'ose le dire, il n'est pas du tout
facile de vivre avec cette femme, quoiqu'elle
ait d'air doux et honnête.

1389. Pour mettre de l'ordre dans une
correspondance épistolaire, il faut toujours
séparer les lettres auxquelles on a répondu des
lettres auxquelles on doit répondre.

1390. La dame que vous entendîtes hier
pincer la guittare n'est de retour en cette
ville, que depuis trois semaines ; elle a de-
meuré six ans à Bordeaux.

1391. Avez-vous lu dans la feuille d'aujourd'hui, que notre dernière frégate a failli
périr ?

1392. Il n'y a que moi qui, dans une
société littéraire où il s'est agi de savoir si
l'on doit donner aux femmes une brillante
éducation, aie été d'avis que ce sujet de con-
troverse ne regarde pas la société.

1393. Il est des matières délicates sur lesquelles on ne doit délibérer dans aucune
réunion. On dirait que certaines personnes se
font un plaisir de les mettre sur le tapis.

1394. Une femme dont les productions sont
utiles aux bonnes mœurs, doit trouver grâce
aux yeux des personnes sages ; mais celle qui
veut, non pas instruire, mais plaire, ne peut
le trouver aux yeux de personne.

1395. Le rôle d'Aman est un de ceux qui
font le plus d'honneur à Lafond ; c'est lui
qui l'a créé, c'est à lui seul qu'on le doit.

1396. Cette jeune personne resta plus d'une

heure et demie sans voix et sans connaissance, avant qu'on eût pu la rappeler à elle.

1397. Il fit jurer à ses soldats qu'ils n'instruiraient pas leurs voisins de la bataille qu'ils devaient leur livrer le lendemain.

1398. La Sorbonne répondit, au sujet de l'inoculation, que ce qui est utile aux hommes ne saurait déplaire à Dieu. On ne pouvait pas répondre d'une manière plus sage.

1399. Vous n'avez pas voulu sortir de votre maison lorsqu'il s'est agi de porter du secours à des malheureux qui vous en demandaient, quelque assistance qu'il vous plût de leur donner.

1400. Malgré la diversité des opinions de ceux qui ont apprécié l'Auteur des Sylves, chacun à sa manière, presque tous se réunissent pour l'admirer comme un des plus beaux génies qui aient paru sous les Empereurs.

CORRIGÉ

DES

LOCUTIONS POÉTIQUES

VICIEUSES.

La Grammaire sait régenter jusqu'aux Rois,
Et les fait, la main haute, obéir à ses lois.

...... A ces mots, ce héros (*ayant*) expiré,
N'a laissé dans mes bras, qu'un corps défiguré. *

Ah ! c'est mourir deux fois, que *de* souffrir tes atteintes.

Ah ! si par la paralysie
Je n'avais *pas* la jambe engourdie,
Que j'aurais *de* plaisir à tracer
Des pas sur cette mélodie !

---

* Je sais fort bien que le mot *ayant* n'est nullement
poétique ; je suis loin de prétendre qu'il faille l'admettre
dans ce vers de Racine, mais il n'en est pas moins vrai
que *tombé, aimé, expiré*, signifient *étant tombé, étant
aimé, étant expiré* : or l'on ne dit pas il *est* expiré à telle
heure, mais il *a* expiré à telle heure. *Ce héros expiré* n'est
pas plus recevable que *ce héros langui* pour *ayant langui.*
Dans le sixième exemple, on lit : « *fumait près du temple* » ; le vers est boiteux, j'en conviens, mais conforme
aux lois de la grammaire.

A la fin de mes chants je me hâte d'atteindre ;
Et, si je ne sentais ma voix, *près de* s'éteindre,
Vous me verriez peut-être attaquer vos erreurs.

———

Tout autour de sa grotte élevant leurs rameaux,
De jeunes ceps, produit d'une heureuse culture,
Étalèrent bientôt leurs fruit et leur verdure.

———

Amante sans pudeur, profanant l'hyménée,
Sur mon lit nuptial elle fut amenée
Le jour que mon bûcher sous tes yeux allumé
Fumait *près* du temple où ce nœud fut formé.

———

A peine au sentier de la vie
Imprimais-tu *de* faibles pas,
Ma fille, *que* tu m'es ravie
Par un déplorable trépas.

———

As-tu donc peur que je *ne* sois indiscrète,
Toi qui connais tous mes secrets ?

———

Aucun monstre par moi dompté jusqu'à aujourd'hui *
Ne m'*a* acquis le droit de faillir comme lui.

———

Au déclin de mes ans *près de* perdre la vie,
Verrai-je succomber notre chère patrie ?

———

J'élèverai ma gloire au dessus *de celle* de Warvik.

———

Aujourd'hui nouveau saint, il faut que *vous receviez*
Les clefs du Paradis pour n'ouvrir à personne.

———

* En prose, du moins, il faut dire *jusqu'à aujourd'hui.*

Au printemps, c'est un charme ! oh quel air pur et frais !
Le riche cabinet ! quel coup-d'œil ! j'admirais,
Car j'ai trop peu de science *pour oser en juger.*

———

Aux lois de Galilée un soleil réfractaire
Tourne autour de son axe au centre du Parterre ;
Ses rayons divergents décroissent *autour*
De son disque rougi qui s'éteint sans retour.

———

Bientôt ils défendront de peindre la Prudence,
De donner à Thémis *et* bandeau *et* balance.

———

Bientôt sur un autre rivage,
Églé, *tu allas* chercher d'autres plaisirs ;
La douce haleine des zéphirs
Ne caressa plus cet ombrage.

———

Bonheur ! seul vrai mobile et seul terme de l'homme,
Gaîté, plaisir, repos, de *quelque* nom qu'il te nomme..

———

Camarade épongier prit exemple sur lui
Comme un mouton qui va *sur* la foi d'autrui,

———

Ce gibet, nommé pilori,
Prouve à ces misérables gueux,
Qu'on faisait autrefois justice
Ainsi qu'on *le* fait aujourd'hui.

———

Ce n'est pas de cela *qu'il* s'agit ici.

———

Ce n'est pas que *j'aie cru* un instant *qu'il fût* possible
De vaincre un sentiment qui toujours invincible,
S'irrite par l'obstacle et par le désespoir.

Ce n'est pas tout, et ces aveux
Sont-ils les seuls que je *doive* faire ?
Mais, hélas ! j'ai trompé les Dieux
Et la Nature entière.

C'est pour nous faire mourir que les Dieux nous font naître.

C'est à vous, mon Esprit, *que* je veux parler.

C'est de ce lieu que la Nécessité
Toujours sévère et *à qui l'on obéit* toujours
Lève sur nous son sceptre ensanglanté.

C'est Junon, *quand elle se présente,*
Terpsichore, quand elle danse,
Euterpe, quand il faut chanter,
Et Minerve, quand elle pense.

C'est peu *que* d'ébranler tous les trônes,
Si l'on n'affermit ses Etats.

C'est une douce erreur, je prétends *qu'elle* cesse.

Cette cité capitale
Que, de tous les temps, *signalent*
Son archevêque et ses pruneaux.

Chère amante, à tes pieds *je sentis* tombé soudain,
Et j'aurais su peut-être adoucir ton destin.

Ci-gît le Créateur du théâtre français,
Dont un grand homme, et l'intrigue et l'envie,
Qu'humiliait l'essor de son génie,
Tentèrent vainement d'obscurcir *les* succès.

Combien d'hommes sont susceptibles
De faire ainsi les fanfarons,
Quoiqu'ils soient *beaucoup moins visibles*
Que les plus minces moucherons !

Craignez, amants trop heureux,
Votre félicité même ;
Plus un bonheur est *grand*,
Plus il est dangereux.

Craignez-vous que mes yeux *ne* versent trop peu de larmes?

...Crois moi, dans l'instant qu'ils verront leurs vengeurs,
Leurs mains vont se lever sur leurs persécuteurs;
Eux-*mêmes* ils détruiront cet effroyable ouvrage.

Dans ce vaste univers tout l'admire aujourd'hui,
Jamais nul autre roi ne sut *aussi* bien que lui,
Depuis les premiers temps jusqu'au siècle où nous sommes,
L'art d'obéir au ciel en commandant *aux* hommes.

Danse voluptueuse, accords mélodieux ,
Vous n'osiez *vous* approcher *de* ces climats odieux.

De Boileau, diront-ils, misérable copiste,
D'un pas timide il suit son modèle à la piste.
Si l'un n'*avait* raillé ni Pradon ni Perrin,
L'autre n'*aurait* sifflé *ni* Marmontel ni Saurin.

Debout, à son miroir, il flatte son visage,
Et c'est à ce Dieu seul *qu'*il rend hommage.

De cette belle politique ,
Il suivit bientôt que l'on mourut de faim.

Déjà sur mes vaisseaux, dans le port préparés,
Chargeant de mes débris les reliques les plus chères,
Je méditais ma fuite.

On peut bien suivre des exemples *aussi* beaux,
Et le trône appartient à qui sait y monter.

Des peuples affranchis soutiens la dignité,
Ne permets pas que l'homme à qui tu donnes l'être,
Ou rampe comme esclave ou commande en maître.

Sous vos pas mes soins font naître
Les fleurs qu'on cultive à Paphos.

De tes hâtives fleurs quel sera le produit ?
Rien du tout ; car l'expérience
Vingt fois déjà te l'a prouvé,
Et de ta folle diligence
Tu sais *ce qui* est arrivé.

De *tout côté* lui *viennent* des donneurs de recettes ;
Il en est de tous *les* arts.

En disant ces mots, il fait connaissance avec elle,
Près de lui la fait asseoir.

Dis-je quelque chose assez *beau ?*
L'Antiquité tout en cervelle
Me dit : Je l'ai *dit* avant toi.
C'est une plaisante donzelle !
Que ne venait-elle après moi ?
J'aurais dit la chos avant elle.

D'où vient donc cet ennui *dont on vous voit dévoré ?*

D'un conseil aussi salutaire,
Notre philosophe joyeux,
En conclut que *sur* la terre
Être sage c'est être heureux.

———

Eh bien! n'est-ce donc rien *que* d'être juste à leurs yeux?

———

Elle a les traits de Flore;
Sa fraîcheur, ses appas,
Les fleurs *près* d'éclore
S'empressent sous ses pas.

———

Elle dit, et déjà s'avance vers le temple,
Son amant malheureux *suit* son exemple.

———

Encor septante jours, et le siècle expiré,
Dans l'abyme des temps *sera* déjà rentré.

———

Enée arme leurs bras, et dans le même instant
Sur leurs pieds rehaussés l'un *et* l'autre se dressant
Ont élevé leurs mains.

———

Est-il un sort plus doux, une gloire plus belle,
Que *de* mourir à l'honneur, à son pays fidèle?

———

.... Était-ce dans mon âme,
Que devait s'allumer une coupable flamme?

———

D'où vient *que* je suis triste, inquiète, abattue?

———

Etes-vous le premier qui, par mille forfaits,
Se soit fait un chemin vers le trône?

———

Et plus cruel encor, M *** dans sa colère,
A juré par le Styx, qu'il *traduira* Homère.

Étudiez la Cour et connaissez la Ville,
L'une et l'autre *sont* toujours en modèles *fertiles*.

Et vous, fameux Titans, géants audacieux,
Que la terre enfanta pour *la ruine des* cieux.

Et vous, peuple d'oiseaux passagers sous la nue,
Abattez vous, la flèche et la fronde vous *tuent*.

Eux-*mêmes* avec candeur se disant immortels
De leurs mains tour-à-tour se dressent des autels.

Exerçant l'un sur l'autre un mutuel empire,
Par les mêmes liens l'un et l'autre *s'attirent*.

Femmes, sans vous, *sur* la terre,
Que fait donc l'homme vain et fier ?

Forte du remords qui m'accable,
Je m'arrache aux feux du désir,
Et je frémis d'être coupable
En brûlant de *le* devenir.

France, n'imite ni Rome ni la Grèce,
Dont les peuples jaloux proscrivaient les héros.

Fût-il vingt fois plus larron que Sisyphe,
Et plus damné qu'Hérode *ou* Caïphe,
Il faut le respecter comme un héros d'honneur.

Galilée à présent, sans craindre *aucun* désastre,
Dans le centre des cieux, fixe le roi des astres.

Gardez-vous de donner, ainsi que dans Clélie,
L'air *et* l'esprit français à l'antique Italie.

* 8

———

Grand Dieu, si tes autels chez nous sont fréquentés,
Si la France te sert ainsi que tu dois être *servi*,
C'est que la piété vient enfin de renaître.

———

Hélas! si des humains les instants sont si courts,
Faut-il dans *de* vains jeux perdre nos plus beaux jours?

———

. . . . Hélas! suis-je donc condamnée
A renoncer à toi, *sans que tu me pardonnes* ?

———

Heureux si ses discours, craints du chaste lecteur,
Ne se sentaient des lieux *que* fréquentait l'Auteur!

———

Honneur à ce héros qui remplit l'Aragon
            De sa justice et *de* sa vaillance!

———

Honneur à tes talents, honneur à ton ouvrage,
Jeune et vaillant héros, ô toi dont le courage
Plus heureux que *celui de* Condé, triomphant à Rocroi,
Fait pour l'humanité ce qu'il fit pour son roi!

———

Hortense *confesse* qu'elle touche à trente ans.

———

Il boude, et son dépit m'a, dit-on, harcelé.....
L'ingrat! J'étais le seul qui ne l'*eusse* point sifflé.

———

Il est des nœuds secrets, il est des sympathies
Par le doux rapport *desquels* les âmes assorties
S'attachent l'une à l'autre, et se laissent piquer
Par un je ne sais quoi qu'on ne peut expliquer.

———

. . . . Il fait si bien qu'il déracine
Celui *dont* la tête *du* ciel était voisine.

Il *alla* jusqu'à Rome implorer le sénat.

— — —

. . . . Il ne manque pas d'écrire
Que leur exemple *est* aux lutteurs glorieux,
.... leurs combats, spécifiant les lieux
Où ses frères *se sont* signalés *le plus*.

— — —

Il ne se borne pas à tonner dans les temples,
Et, s'il combat l'erreur, c'est par *de* bons exemples.

— — —

Il n'est *de* vrais plaisirs que pour l'homme de bien.

— — —

Il remplit sans orgueil sa noble destinée,
Et *on lui pardonne* même sa gloire modeste.

— — —

Il sera toujours grand, s'il est impénétrable,
S'il est prompt à plier, ainsi qu'à tout oser,
Et qu'aux yeux du public il sache *imposer*.

— — —

... Ils n'ajoutent point à leur propre grandeur,
Ils sont tout par eux-*mêmes*, et non par leur splendeur.

— — —

Suivez cet exemple, Orateurs et Poètes.

— — —

J'abandonnai l'Asie; et *j'allai* dans mes déserts
Ensevelir ma honte et le poids de mes fers.

— — —

J'aime les bals, les jeux, et je cours le spectacle;
Au bonheur de quelqu'un est-ce là mettre obstacle?
Est-ce à la comédie *que* l'on gâte ses mœurs?

— — —

J'ai vu le pauvre en sa misère
Montrer une gaîté sincère

Dans son asyle malheureux ;
J'en ai conclu que la richesse
N'*est* jamais à désirer,
Et que le pauvre, en sa détresse,
Doit toujours la mépriser.

———

Jamais idole, *quelle qu'elle* fût,
N'avait eu cuisine *aussi* grasse.

———

Jamais je ne saurais, dans une étroite enceinte,
Devant un pupitre, avec contrainte assis,
Enthousiaste froid, coudre un mètre précis.

———

Je connais un asyle ouvert au misérable,
Un hospice où l'on daigne encore recueillir
Celui que la douleur et la misère *accablent*.

———

Je déteste la chaîne éternelle et barbare
Que nous forgea le Sort qui *pour* jamais nous sépare.

———

Je fais des couplets, rien de plus,
Sans parler de paix *et* de guerre ;
Sur les réformes, les abus,
Je ne fais point de commentaire.

———

Je le vois : tel fit fracas,
Qui sous les cheveux plats se déguise ;
Tel portait les cheveux plats
Qui à présent se poudre et se frise.

———

J'en ai vu traduisant le grec avec succès,
Sans avoir jamais su le grec *ni* le français.

———

Je n'avilirai ni ses dons, ni mon cœur.

———

Je ne connaissais point Almanzor *ni* l'Amour.

Je ne t'ai demandé que *cet* avantage,
Laisse *moi* donc en jouir.

Je parle à tous, et cette erreur extrême
Est un mal que chacun se plaît *à* entretenir.

Je sais que ce Consul me hait au fond du cœur,
Sans oser, d'un refus, insulter *à* ma faveur.

. . . . Je vous le dis encore,
Votre félicité n'est pas *près* d'éclore.

Jugez, en cet état, si je pouvais me plaire,
Moi qui compte *pour* rien *et* le vin *et* la chère.

Jusqu'ici la Fortune, et la Victoire *même*
Cachaient mes cheveux blancs sous trente diadêmes.

La-Bretonne admirable a pris goût à mes vers;
Douze fois l'an, sa plume en instruit l'univers;
Elle a, douze fois l'an, réponse de la nôtre,
Et nous nous encensons tous les mois *l'un l'autre.*

La fable, avec l'histoire,
Vient peindre à ma mémoire
L'ingénue Antiquité.

Là, ne vous troublez point; répondez à votre aise;
On ne veut rien faire ici qui vous déplaise.

La Parque saisit sa victime,
Et détourne ses yeux sanglants;
Ses yeux *mêmes* en versent des larmes;

Les Amours regrettent ses charmes,
Et les Arts pleurent ses talents.

———

La reine permettra que j'ose demander
A votre amour un gage qu'il doit m'accorder.

———

Là, sans désirs, le Coq, auprès de ses maîtresses,
Oublie et qu'il reçut et *qu'il* rendit leurs caresses.

———

La seconde, par droit, me doit échoir encor;
Comme le plus vaillant, je prétends à la troisième.

———

L'aurore eut quelquefois son hymne *matinal*,
Que chanta, dès le jour, la beauté virginale.

———

La vertu dont le nom fut toujours dans sa bouche,
N'*était* jamais entrée dans son âme farouche.

———

Le Ciel, en le formant *, sembla nous le céder
Plutôt pour *nous en faire jouir*, *que pour nous en*
rendre maîtres.

———

Le doute égare l'âme en détruisant l'espoir;
Gardons nous d'écouter *aucune* fausse maxime.

———

Le fleuve où de nos maux se perd le souvenir,
N'a pas calmé les miens, mais *il* les verra finir.

———

Le goût préside à ses atours;
Elle est tantôt reine, *tantôt* bergère;
Elle a pour guides les Amours;
Pour étiquette, l'art de plaire.

———

* *L'empire des mers.*

Le magistrat, des lois emprunta le secours,
Et rendant par édit les poëtes plus sages,
Défendit de masquer les noms *et* les visages.

———

Le malheureux lion se déchire lui-même,
Fait résonner sa queue *autour* de ses flancs.

———

Le plaisir des bons cœurs *est* la reconnaissance.

———

Le plus doux des mortels aime à voir du rivage
Ceux qui *près de* périr luttent contre un orage.

———

Le prince Mérion, prompt à m'y devancer,
Sur mon trône aurait pu se placer,
Si mon fils n'*avait* dompté l'orgueil de ce rebelle.

———

Les Français gravissant *sur* tes redoutables cimes
Arborent leurs drapeaux sur tes flancs escarpés.

———

Les Muses dont la main essuya tant de larmes,
Pour moi les Muses *mêmes* ont perdu tous leurs charmes.

———

Les novateurs ont voulu qu'une belle,
Qui par malheur deviendrait infidèle,
Allât finir ses jours au fond de l'eau.

———

Le spectacle innocent qui partout l'environne,
Agit sur lui par *de* secrets ressorts,
Et son âme, sans nul *effort*,
Aux plus doux penchants s'abandonne.

———

Les plus fameux Guerriers *suivent* son exemple.

———

Les talents, grâce à vous, les sciences, les arts,
Sont en foule accourus dans le palais des Czars.

Le théâtre fertile en censeurs pointilleux,
Chez nous, *pour qui veut se produire*, est un champ périlleux.

———

Leur noire chevelure imite *celle des* Romains.

———

Leurs soupirs vers le ciel sont *près de* s'échapper.

———

L'heure s'approche, il est temps, la foule réunie
Se dispose *autour* d'une table arrondie.

———

L'heureux cultivateur, sous un drapeau sanglant,
Se laissait entraîner à la mort qui *l'attendait*.

———

L'homme de cour les contemple et soupire,
Il *s'en* approche, et leur dit : Mes amis,
Qu'avez-vous donc qui vous *fasse* ainsi rire?

———

L'Italie, à sa voix, reprend sa dignité,
Le fanatisme a fui, les arts seuls *sont* restés.

———

Loin de moi les mortels assez audacieux,
Pour juger par eux-*mêmes* et pour voir par leurs yeux!

———

Loin que ma muse *se fasse illusion*,
Je *connais* le prix de mes travaux.

———

Un d'eux lui dit : Sur notre avis
Vous *vous tromperez* peut-être;
Macare n'est qu'en nos écrits,
Nous l'avons peint sans le connaître.

———

L'univers t'abandonne,
Sur la terre il n'est donc que moi
Qui *m'*intéresse à ta personne?

Mais autant son âme est bienfaisante et pure,
Autant leur cruauté fait frémir la nature.

Mais c'est peu qu'en *son* sein, le bois ou le bocage
Renferme sa richesse élégante ou sauvage,
Il en faut avec soin embellir les dehors.

Mais, dans ce grand péril, si le ciel ou le sort,
Trahissant mon espoir, m'*appèle* à la mort.

    Mais de quelque superbe tître
    Que ces héros soient revêtus,
    Prenons la raison pour arbitre,
    Et cherchons en eux leurs vertus.

Mais *sur* quel endroit tombera ton tonnerre,
Qui ne soit tout couvert du sang de Jesus-Christ ?

Mais il est des mortels favorisés des cieux,
Qui sont tout par eux-*mêmes* et *ne sont* rien par leurs aïeux.

    Mais pourquoi déplorer son sort ?
Il n'est pas *aussi* cruel que je viens de le peindre.

Malgré les pleurs amers dont j'arrose ces lieux,
Ce n'est que du tyran, *que* je me plains aux Dieux.

Mars et Minerve ensemble ont applaudi *à* ce choix :
Ainsi d'un tel héros nous devons tout attendre.

Mécène, Horace, étaient l'un *et* l'autre bien unis.

Mes chers concitoyens, philosophes charmants,
Ne s'entregorgent plus pour *de* vains arguments.

Mille Guerriers illustres
Ne purent faire *en* dix lustres
Ce qu'il fit *en* dix jours.

Mon cœur à tout à craindre, et *n'a* rien à négliger.

N'ayez donc plus de premier écuyer
Qui , chaque soir , vienne me réveiller,
En me disant d'une voix bien *haute* :
Allons , Seigneur , c'est assez sommeiller.

Nestor qu'il délaissa méritait-il *d'être délaissé* ?

Ne vous informez point *de* ce que je deviendrai.

Ni mon grenier, ni mon armoire
Ne se *remplissent quand je babille.*

N'importe ! ce héros , sans tambour , *sans* trompette,
Du pénitent d'Autun sonnera la défaite.

Nous ne discourons point de procès, d'héritages,
Des spectacles du jour , des modernes ouvrages,
Nous n'examinons pas si Dorat , *etc.* écrit trop ou trop mal,
Ni si le beau Vestris danse mieux qu'Auberval.

Nous nous pardonnons tout , et *ne pardonnons* rien aux
       autres hommes.

Nous sentons les chagrins consumer notre vie ,
S'enlacer dans nos pas les serpents de l'Envie,
Le trouble empoisonner les plaisirs les plus doux,
Et la mort en tout temps *près de* fondre sur nous.

Nous vous aimerions moins, si vous étiez parfaites,
Et vous iriez vous-*mêmes* arracher les pinceaux
A la main qui voudrait vous peindre sans *défaut.*

La paix n'est pas pour l'impie, il la cherche, elle fuit.

O ciel ! je le vois *qui* s'avance !
Voici l'instant de la rigueur ;
Condamnons au silence
Ma bouche, mes yeux et mon cœur.

O Français, je t'admire, et je reviens à toi ;
L'un et l'autre hémisphère *sont* remplis de ta loi.

Oh ! combien on voit de ces couplets menteurs
Au fond d'un secrétaire expirer sans *lecteur !*

Oh ! que de la vertu la puissance est *grande !*

O mon pays, tu dois m'en croire,
De l'honneur et de la victoire,
Tu recevras des lois, *et ne recevras* jamais des fers.

O mort, affreuse mort, *par qui* tout est dévoré !

On dira, je le sais, que la raison sévère
Dont les yeux sont toujours ouverts,
De sa vive et pure lumière
Doit éclairer l'univers ;
L'univers pourtant n'est guère *éclairé.*

On dirait que, pour plaire, instruit par la Nature,
Homère *a de* Vénus dérobé *la* ceinture.

———

On doute encor *lequel* doit frapper le plus.
Une offre sublime, ou *un* noble refus. *

———

On peut donner du lustre à leurs inventions,
On le peut, je l'essaie, *qu'*un plus savant le fasse.

———

O nuit favorable au secret,
De Phébé cache la lumière,
Et crains qu'un rayon indiscret
Ne trouble l'asyle du mystère.

———

Or du hasard il n'est point de science;
S'il en était, on aurait tort
De l'appeler hasard, fortune *ou* sort.

———

Oui, Fanny, j'ai dit que l'amour
Se *refroidit* avec l'âge,
Que tu m'*aimeras* moins un jour,
Sans pourtant devenir volage.

———

Oui, le souverain bien que promet la richesse
Ne se trouve, en effet, *que dans* la sagesse.

———

Oui, tel *de sa* critique aujourd'hui vous accable,
Qui peut-être à votre place *aurait* été plus coupable.

———

. . . . Oui, toi. *Ne* voudrais-tu point encore
Me nier un mépris que tu crois que j'ignore ?

———

Ou son sang ou le mien *lavera* cette injure.

———

* L'analyse grammaticale est : On doute encore lequel
(un noble refus ou une offre sublime) doit frapper le plus.

Par des vents opposés les vagues ramassées,
De l'abyme profond jusques au ciel poussées,
Dans les airs embrâsés agitaient mes vaisseaux
Aussi *près* d'y périr, *que de* fondre sous les eaux.

———

Passons tranquillement sans souci, sans affaire,
La nuit à bien dormir, et le jour *sans* rien faire.

———

Patience et longueur de temps
Font plus que force *et* rage.

———

Pelletier écrit mieux qu'Ablancourt *et* Patru.

———

Peuple, ne songe plus à tes peines passées,
À tes temples brûlés, *à* tes maisons renversées.

———

.. Satisfait que ce grand cœur fléchisse,
Le peuple, s'il vous voit soumis à son pouvoir,
En votre faveur *peut-être* se *laissera* émouvoir. ★

———

Phénix même en répond, *il* la conduit exprès
Dans un fort éloigné du temple et du palais.

———

Plus tes devoirs sont grands, plus ta gloire doit être *grande :*
Voilà ce qu'aujourd'hui ton cœur doit nous promettre.

———

Plût à Dieu qu'on mît tous les méchants
Dans l'heureuse impuissance de nuire !

———

★ Je romps partout la mesure du vers, je le sais ; mais
une phrase en prose, purement écrite, vaut mieux qu'un
vers élégant ou noble qui pèche contre la pureté.

       Plût à Dieu que pour les bonnes gens
        Ce beau jour *pût* luire !

      Pour *couronner* les plus tendres nœuds,
      Que cette union fasse naître
      D'illustres rejetons nombreux.

. . . . Pour moi, depuis dix ans,
L'Hymen a de l'Amour tous les soins complaisants;
Épouse, j'aspirais à me voir bientôt mère,
Je *le* suis…. Ah ! jamais fut-il faveur plus chère ?

Pour sonder la nature, ils font *de* vains efforts ;
Ils en verront les jeux, et *n'en verront* jamais les ressorts.

Pour tout approfondir, *pour* tout peindre dans mes vers,
La nature est trop vaste, et les moments *sont* trop chers.

Pressé de *toute part* des colères célestes,
Il vient *sur* vous *en* faire fondre les restes.

. . . . . Puisqu'il ne m'est plus permis de me baisser,
Élevez jusqu'à moi mon fils pour *que je l'embrasse.*

      Quant aux volontés souveraines
De celui qui fait tout *avec dessein* et ne fait rien *sans dessein,*
Qui les sait que lui seul ? Comment lire en son sein ?

Qu'avez-vous fait, Lydie, et que viens-je d'entendre ?
Est-il vrai que Lausus *ne puisse* plus prétendre *à rien* ?

---

   * Il serait plus correct de dire : La nature est trop vaste,
pour que j'approfondisse tout….

Est-il vrai qu'outrageant la nature et l'amour,
Le tyran ombrageux à qui je dois le jour,
Malgré ses cheveux blancs et le faix des années,
Veuille à ses tristes jours unir vos destinées ?

Que ce climat étrange offre ici de tableaux,
Soit que de vingt torrents les mugissantes eaux
Ébranlent la montagne, *soit que* de sa cime,
Un rocher se détache et roule dans l'abyme !

Que j'aime ton agilité,
Ton petit air de suffisance
Aux approches de la beauté,
De celle au moins que tu dois connaître !

Que le parti *le* plus faible obéisse au plus fort.

De quelques brillantes fleurs *qu'*un joug soit orné,
On ne vit pas content, quand on vit enchaîné.

Quelques vers toutefois qu'Apollon vous inspire,
En tout lieu * aussitôt ne courez pas les lire.

Quels pays, justes Dieux, que ces pays barbares
Où la loi sait punir, *et ne sait* jamais récompenser,
Où, pour se faire obéir, *elle* défend d'oser penser !

. . . . Quels que soient vos attraits,
De quelques noms pompeux *que* chacun les décore,
Je préfère à vos biens l'amour et ses bienfaits.

---

* En prose, du moins, il faut écrire en *tout lieu*, de *tout
côté*, *de toute part*, *en tout genre*, etc.

Nouveau Romulus, pour prix de ton courage,
Que ton nom plus *grand que le sien* s'attache à ton ouvrage.

Que votre âme et vos mœurs *peintes* dans tous vos ouvrages,
Ne nous donnent de vous que de nobles images.

Qu'il fasse autant pour *lui que* je fais *en sa faveur*

. . . . Qui sait si ce roi
N'accuse point le Ciel qui le laisse outrager,
Et *d'*indignes fils qui n'osent le venger ?

Quoi ! du corps *qui n'est plus* l'âme éprouvant le sort,
L'homme arrive au néant par une double mort !

Quoique ni vous ni votre maître
Ne *soyez* pas de pareil renom,
Vous n'en *valez* pas moins peut-être.

Raison, présent trop funeste,
Que me fit un Dieu vengeur,
Faut-il donc que tu me reste,
Pour *que je sente* mieux mon malheur ?

Repoussez loin de vous ces lâches sentiments;
Faites moi *de* bons vers, et non des compliments.

Rois, magistrats, législateurs suprêmes,
Princes, guerriers, simples citoyens *même.*

Ne sais-je pas que Taxile est une âme incertaine ?

... le ...... en un mot, un auteur divin
... toujours, quoi qu'il fasse, un méchant écrivain.

***

Seigneur, dans ta gloire adorable
Quel mortel est digne d'entrer ?
Qui pourra, grand Dieu, pénétrer
Dans ce sanctuaire impénétrable ?

***

. . . . Ses sacrilèges mains
Sous un même joug rangent tous les humains.

***

Si ce Monsieur est quelquefois étrange,
Je *le* lui pardonne; ici je ne perds point au change.

***

Si de vous importuner
Nous prenons la *liberté*,
Vous aurez la complaisance,
Monsieur, de nous pardonner.

***

Si le Ciel t'avait, dit-il, donné par excellence
Autant de jugement que (*tu as*) de barbe au menton,
Tu *ne serais* pas à la légère
Descendu dans ce puits.

***

S'il est tant d'infidèles,
C'est *que* l'Amour
Leur donna ses ailes
En leur donnant le jour.

***

Si, par un malheur *qu'il m'est affreux de* prévoir,
Votre inclination combat votre devoir,
Que ferez-vous alors ?

9

Son nom plus redouté que (celui des) plus puissants princes
Avait gagné pour lui les voix de cent provinces.

Sottes de ne pas voir que le plus grand des soins
Doit être celui d'éviter la famine.
A demeurer chez *elles* l'une *et* l'autre *s'obstinent*,
Pour secourir les siens *dans* l'occasion.

Sur les rives du Nil, un zèle industrieux,
Par un baume éternel, perpétuant aux yeux
Une mère (*qui a expiré* *), une épouse ravie,
Savait tromper la mort, et figurer la vie.

Surtout de *ce* poème il bannit la licence,
Lui-même en mesura le nombre et la cadence,
Défendit qu'un vers faible y pût jamais entrer,
Et qu'un mot déjà mis osât s'y remontrer.

Tantale qui frémit à l'aspect du rocher
Sur son front pâlissant *près de* se détacher,
*C'*est ce lâche mortel, victime imaginaire,
Qui d'un Dieu menaçant voit partout la colère.

Telle une bergère, au plus beau jour de fête,
De superbes rubis ne charge point sa tête,
Telle aimable en son air, mais humble dans son style,
Doit éclater sans pompe une élégante idylle.

Tel le vieux pasteur des troupeaux de Neptune,
Protée, à qui le ciel, père de la fortune,

---

* Voyez la première note, pag. 180.

Ne _cache aucun secret_,

... ... _flamme et fontaine_,

... ... la vue incertaine

Des mortels indiscrets ;

Tel, aux premiers accès d'une sainte manie,

Mon esprit alarmé redoute du génie

... passait victorieux.

Quelque pesant que soit un fardeau,

Il ne l'est point encore autant

Qu'une femme qui nous ennuie.

Tel nous parle comme un sot,

Qui a de l'esprit quand il écoute.

Tel rit vendredi, _qui_ dimanche pleurera.

Tel travaille pour l'histoire,

Pour le théâtre ou _pour_ le barreau,

Qui souvent, pour faire du nouveau,

Ne consulte que sa mémoire.

Toi qui ... ... naître, esprit mâle et nerveux,

Tu gravis quelquefois sur ces volcans orageux.

Toi qui peins les transports après vingt ans d'absence,

Quand tu revois les lieux où jouait ton enfance,

Est-il vrai qu'aujourd'hui tu _craignes de t_'en approcher ?

Toujours heureux, toujours unis,

L'hymen devait, amants encore,

Couronner nos tendres désirs,

Quand le printemps _aurait_ fait éclore

L'essaim des jeux et des plaisirs.

... Tous ces animaux qu'on voit en enrageant ;
Ont toujours de l'humeur et *n'ont* jamais d'argent.

Tous deux arrêtés dans un profond silence
Sont prêts à se parler: l'un et l'autre *balancent*.

Tout cela m'a troublée, et *m'a* laissé dans le cœur,
Comme vous l'appelez, oui, ce fond de langueur.

Tout fut mis en morceaux, *pas* un n'en échappa.

Trop maître du cœur de ta fille ,
Parcequ'elle t'aime trop, tu la punis.

Tu n'auras pas toujours cette même pitié,
Quand tu sauras les maux dont le Destin m'accable,
Et *la part qu'a l'Amour* à mon sort déplorable.

Tu n'y perdras rien ; patience!
Je te retrouverai , coquin ,
Et nous verrons alors s'il convient qu'un faquin
D'outrager *un* taureau *ait* la *hardiesse*.

Tu prétends faire ici de moi ce *qu'il* te plaît.

Un corbeau témoin de l'affaire
En voulut sur l'heure autant faire,
Il tourne *autour* du troupeau,
Marque entre cent moutons le plus gras, le plus beau.

Un fer qu'il fait briller à leurs regards surpris,

Son œil hagard, en lui tout impose,
    Aux soldats les plus aguerris.

Un héros dont Bellone a trompé le courage
Est bien assez puni *sans qu'on y joigne* l'outrage.

    Un jour, au pied de l'Hélicon,
    Un serpent mordit Jean Fréron.
    Savez-vous ce *qui* arriva?
    Ce fut le serpent qui creva.

    Un vif désir de vaine gloire
    Me fit poète et bel-esprit;
    La vanité (l'on peut m'en croire)
    Plus que les filles de Mémoire,
    Fut le démon qui m'enhardit:
    De quoi ma Muse octogénaire
    Demande *pardon* à l'univers,
    Si l'univers, comme *je l'*espère,
    Entendit parler de mes vers.

Vaincus, désespérés, *près de* finir leurs jours,
Près de voir leur patrie en un désert changée,
Les tristes habitants de Sparte ravagée
Des peuples de l'Attique implorent les secours.

Venez des moissonneurs partager le repas,
Le maître de ce champ par ma voix vous l'ordonne:
C'est pour que nous donnions, que le Seigneur nous donne.

    Venez, puisqu'il charme l'ennui,
    Au café rendre vos hommages;
    Peut-être on n'aurait lu, sans lui,
    Ni ma chanson, ni vos ouvrages.

                       * 9

Viens, je me livre à toi, tendre Mélancolie;
Viens, le regard pensif, le front calme, et les yeux
Tout *près de* s'humecter de pleurs délicieux.

Vingt fois l'Amour rompt le lacet
De peur que je ne finisse.

Vivons toujours sans *différend*,
Faisons notre bonheur nous-*mêmes*,
Les hommes sont heureux qand ils sont parents,
Ils le sont doublement quand *ils s'aiment*.

Volcens meurt, et Nisus sans regret va le suivre;
A son cher Euryale il ne veut pas survivre,
Sur son corps *inanimé il* se jète avec transport,
L'embrasse, et trouve enfin le calme de la mort.

. . . . Vos bontés à leur tour
Aux cœurs les plus durs inspireront l'amour.

Vos jeunes mains cueillent des fleurs
Dont je n'ai plus que les épines;
Vous dormez *sous* les courtines
Et des Grâces et des neuf sœurs.

Vos jolis vers remplis de grâce
Enchaînent nos esprits avec des nœuds de fleurs;
Votre couvent est le Parnasse,
Vous êtes *l'une* des neuf sœurs.

Votre Ofilds et sa devancière
S'en allèrent avec le concours

De votre république entière,
Sous un grand poéle de velours,
Dans votre église, pour toujours,
Loger de superbe manière.

Vous êtes un maudit bavard;
Jamais on n'ennuya son monde
Avec *autant* d'esprit et *autant* d'art.

Vous me direz : On n'a jamais pensé
Que, par exemple, un baudet d'Hippocrène
Pût *porter envie* à Alexandre ou *à* Turenne.

Vous n'auriez aujourd'hui *ni* l'empire ni mon cœur.

Vous *connaissez* pour Joad mes égards, mes mesures,
Vous savez que je ne cherche point à venger mes injures.

Ne voyez-vous point s'enfuir les hôtes du bocage ?

F I N.

DE L'IMPRIMERIE D'AUGUSTE DELALAIN.

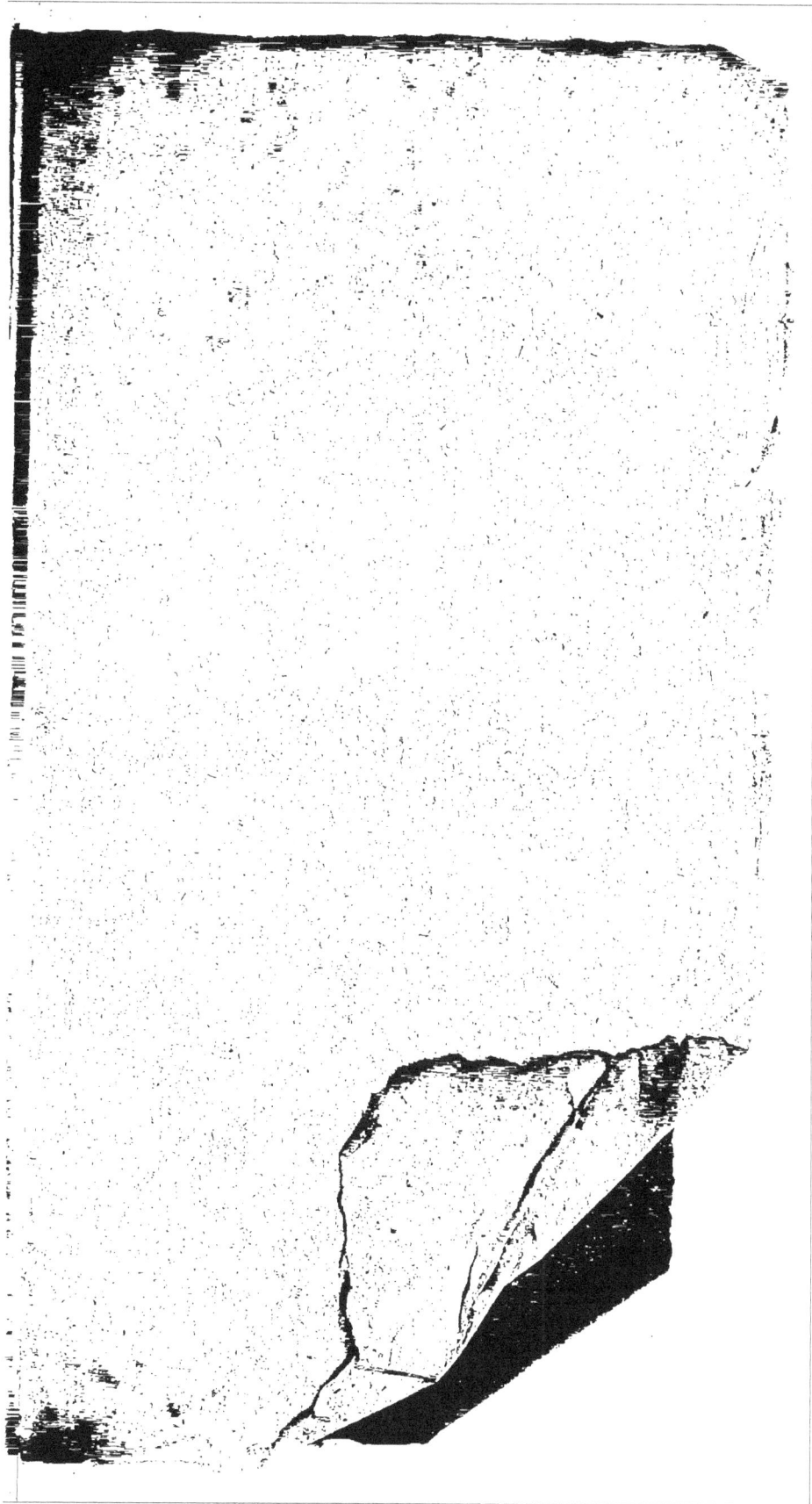

www.ingramcontent.com/pod-product-compliance
Lightning Source LLC
Chambersburg PA
CBHW062225270326

41930CB00009B/1867